JN116530

Knitting
ganseys
ガンジーセーター

——— 編み方とパターン 詳細解説 ———

ベス・ブラウン - レインセル 著

佐藤公美 監修・訳

g

Original Title: KNITTING GANSEYS, REVISED AND UPDATED
Copyright © 2018 by Beth Brown-Reinsel

All rights reserved including the right of reproduction in
whole or in part in any form.

This edition published by arrangement with Interweave, an
imprint of Penguin Publishing Group, a division of Penguin
Random House LLC through Tuttle-Mori Agency, Inc., Tokyo

This Japanese edition is published in Japan in 2022 by
Graphic-sha Publishing Co.,ltd.
1-14-17 Kudanshita, Chiyodaku, Tokyo 102-0073 Japan
Japanese translation © 2022 Graphic-sha Publishing Co.,Ltd.

EDITORIAL DIRECTOR: Kerry Bogert
EDITOR: Maya Elson
TECHNICAL EDITOR: Therese Chynoweth
ART DIRECTOR & COVER DESIGNER: Ashlee Wadeson
INTERIOR DESIGNER: Julie Levesque
ILLUSTRATOR: Therese Chynoweth
PHOTOGRAPHER: David Baum; George Boe
STYLIST: Grace Brumley
HAIR AND MAKEUP: Kalyn Slaughter

Let us knit A Great Peace together,
Each loving stitch filled with kindness and respect,
For the many colors and textures of all living beings.

さあ、"大いなる平和"を一緒に編みましょう
愛おしい編み目の数々に、思いやりと敬意を込めて
この地球に生きるものの豊かな彩りと風合いを楽しみながら

contents 目次

preface まえがき

本書の初版から早25年。こんなに時が過ぎていることに驚きます。

寒くて薄暗い、窓なしの部屋の中。体を丸めて小型ヒーターの横に座り、初代相棒のパソコンApple IIeで、章からまた次の章へとタイプしていた頃がつい先週のことのようです。当時のパソコンのメモリーはたったの128キロバイト。4ページごとに原稿をフロッピーデスクに保存しなくてはなりませんでした。現在私が使っているMacの容量が1テラバイトであることを考えると、今となっては笑える話かもしれません。

当時を振り返ると、本書の初版は私にとって新しい人生へと踏み出す一歩だったと感じています。もちろん、その頃の私はそうとは知りませんでしたが、出版を機に私の道が開かれていきました。さまざまな場所をまわり、創作活動やワークショップを開催。ニットウェアをデザインするチャンスも増え、絶え間なくあふれる興味関心は、イギリスのガンジーのみならず、アイルランドのアランやスコットランドのフェアアイルセーター、それに北欧ニットにまで及びました。私は伝統ニットに心を奪われていたので、勇気を出してスウェーデンやデンマーク、ノルウェーを訪れ、後にほかの国々にも行き、博物館でニットについて調べていました。

ニットを巡る旅をするほど、すべての伝統ニットやそれに携わる人々のことをもっと知りたくなります。最も素晴らしいのは、私の情熱を共有できる世界中の編み物好きな皆さんと出会えることです。アメリカ全域やカナダに招かれることもありますし、イギリスやスコットランド、ニュージーランド、アイスランド、スウェーデンに出向くこともありました。クルーズ船で出向くこともありましたし、インターネットでの出会いもありました。今もなお私にとって大きな驚きです。

伝統的なガンジーは、人々の生活のなかで多くの側面がありました。家族が着る服としての実用的な面、報酬を得るための経済的な面、漁師の労働着として漁師たちを支える幅広い意味での経済的な面、忙しい1日の仕事の後に編み物愛好者がオフタイムの癒しや喜びとして楽しむ面などです。ガンジーが多面的な役割を持った時代は過ぎ去りましたが、毎日編み物を教えて感じるのは、今もなお伝統は続いているということです。つまり、編み物をする人と、自分自身あるいは大切な誰かを想い、暖かくて美しいものを編もうとするクリエィティブな情熱の結びつきは変わらないのでは、と。

そして今、時を経て、本書は私が出版したガンジー本の改訂版です。以前の本より大判で明るくなり、愛する伝統ニットセーターへの畏敬の念にあふれる1冊となっています。現在も本書に関心を持っていただけているのは、一見控えめなガンジーセーターですが、流行り廃りのない永続的な上質さを持つ証ではないでしょうか。

活動を通じて、何千人もの編み物好きな皆さんに会うことができ、光栄に思っています。生徒さんたちの熱意や強い気持ちから、私自身とても刺激を受けています。私の周りの才能あふれる同僚たちと同様、生徒の皆さんのおかげで私の人生は計り知れないほど豊かなものになっています。これらのすべては本書の初版から始まりました。このような多くの経験をさせていただけて、私はとても恵まれていると感じます。親愛なる皆さん、どうか皆さんも私と同じであることを願っています――編み手と毛糸、そして編み針、この出会いから得られる体験が情熱的なものであることを。

ウールのある暮らしは素晴らしい。

―― ベス

introduction はじめに

ガンジー（またはガーンジー）は、19世紀、重労働の漁師のための丈夫な労働着としてイギリスで発展しました。その特徴は、きつく撚った濃い色の糸、表目/裏目を組み合わせた模様、ドロップショルダー、着た時に自由な動きを可能にする脇下のマチなどです。これらの特徴を持ったシンプルな正方形のセーターは、現代の編み物好きの皆さんに、バラエティ豊富でクラシックながらも着心地がよいデザインのテンプレートとして提供されています。

ガンジーの歴史について書かれた本は何冊かありますが、多くの技法が言及され図で説明されているものの、編む人が再現するのに十分な詳細が常に示されているわけではありません。本書の目的は、こういった技法がうまくできるように分かりやすく説明し、さまざまなスタイルのガンジーを編んでもらおうとするものです。

本書は、私が開催するワークショップのプロセスに基づいて構成されています。ワークショップでは、ミニチュア版ガンジーを編んで手順を教えています。毎回思うのですが、最初にミニチュア版を編むと、実物大のセーターを編むことへの不安が減るのではということです。サンプルとしてミニチュア版ガンジーを作ることは、編み方を学ぶのに最適な方法です。「Channel Island Cast-on（チャネルアイランド・キャストオン）」（19ページ）で作り目する方法、首周りや脇下のマチの作り方など、伝統的なガンジーを編むために必要な多くの技法が含まれます。ワークショップの参加者は、サンプルを編みながらガンジーの構造や原則を学ぶので、実際に実物大を編み始める時には、これらの原則を素早く確認できるのです。

本書は、各章ごとにサンプルを編む手順を詳しく説明、デザインや技法について色々なアイデアを提案、さらに実寸大を編むときの割り出し方法や考慮すべき点についても記述しています。全体を通して、各手順の写真、サイドバー、そして数式など、丁寧かつ整然と基礎的なスキルを構築できるような構成になっています。第11章では、オリジナルのガンジーをデザインするためのガイドラインを紹介。目数などの値を空欄にしたワークシートもつけています。また、私のオリジナルデザインの作品と編み方を9点掲載していますので、チャレンジしていただけたら嬉しいです。掲載作品のアイデアを参考にご自身の創作にもぜひご活用ください。

本書は、読者の皆さんがすでに編み物に関する基礎知識があることを前提に書かれています。「メリヤス地を往復編み（平編み）する」といった表現はもちろん、輪針に作り目をする、輪に編む、表編み、ガーター編み、ゴム編みを輪に編むなどの編み物用語が含まれています。

私は長い間、教室やワークショップで編み物を教えてきました。自分の経験から何か学んだとしたら、それは私が教えるやり方は、あくまで1つの方法であり、唯一の方法ではないということです。ぜひ本書を通じて学んだことを、ご自身の創作活動の出発点として活用してください。本書を通じて得た技法が、今後の皆さんのオリジナルの創作に活かされ、さらに発展しながら自分のスタイルを確立してもらうことが私の願いです。伝統的な枠組みのなかでありながらも、ガンジーは流動的なスタイルで、柔軟であり、また順応性があります。この素晴らしい形をご自身の解釈で発展させていただければ幸いです。可能性は無限大です！

what is a gansey?

第1章　ガンジーとは？

ガンジーは、驚くほどバラエティ豊かで、よく考えて構築されたセーターです。19世紀、イングランド、スコットランド、コーンウォールの海岸沿いの漁村で誕生しました。漁師の労働着としてデザインされた伝統的なガンジーは、身頃にとじ目がなく、輪に編まれたセーターで、シンプルな正方形でドロップショルダーになっています。最も特筆すべき点は、脇下にマチを作ることです。マチがあることで脇下のストレスがなくなり、着る人が自由に動けることはもちろん、セーターの寿命を延ばすこともできます。ガンジーを編むのは主に漁師の妻、母親、姉妹、そして娘たち（そして一部の男性たちも）。「シーメンズ・アイアン」（海の男の鉄）といわれる、きつく撚った5本撚りの濃紺色の毛糸で編みます（こちらの重量はスポーツウエイトとほぼ同じで、現在も入手可能）。一般的なゲージは、28〜36目（10cm）。この糸でぎっちりと編んだ編み地は、風や寒気を通さず、胸部や二の腕に施した表目/裏目を組み合わせた豊かな模様がきれいに浮かび上がります。耐久性が高く、水に濡れても暖かく、快適なフィット感（脇下のマチとニット生地のおかげで）から、ガンジーは漁師のライフスタイルにぴったり合っていました。

ガンジーの発祥について、その正確な日付は不明ですが、リチャード・リュット司教は『A History of Hand Knitting』（1987年）のなかで、「ガーンジーセーター」が印刷物で最初に言及されたのは1832年であると記しています。ガンジー（またはガーンジー）は、16世紀からガーンジーあるいはジャージーと呼ばれていたニット生地の名前に由来しています。この頃、エリザベス1世はチャンネル諸島（英国海峡に浮かぶ島々）に靴下類の生産のために編み物ギルド（組合）を設立しました。メリヤス地のストッキング生地は、徐々に生産地であるガーンジー島とジャージー島の代名詞になりました。リュット司教が述べている通り、「海の男たちの労働着で

a

あるガーンジーやジャージーは、チャンネル諸島から発祥したのが理由でそう呼ばれているのではなく、そのもっと前から長い間ニット生地がそう呼ばれてきたから」といわれています。

『The Complete Book of Traditional Guernsey and Jersey Knitting』（1985年）の著者レイ・コンプトンは、「ブリテン諸島の至る所で、漁師たちのセーターは、ある地ではガーンジー、ほかではガンジー、あるいは昔も今もずっとジャージーと呼ぶ場所もある」と記しています。また、セーターはニットフロック、フィッシャーシャツ、フィッシャーガンジーの呼び名でも知られています。

b

c

a. 『Traditional Knitting』(1984年)で、マイケル・ピアソンは次のように述べています。「たくさんの古い写真を見ると女性たちが港で夫や兄弟を待つ間、立った状態で編み物をしています。一見、とてもチャーミングに見えるかもしれませんが、実際のところは、不十分で不安定な収入を増やそうと必死な人々への搾取を物語る昔の記録です。」
(写真提供：サトクリフギャラリー；B16)

b. 桟橋にて。ガンジーを着ている男たち。『Whitby Fisher People.』より。
(写真提供：サトクリフギャラリー；17-32)

c. 19世紀半ばから後半にかけ、ガンジーセーターの形とスタイルがイギリスやオランダに広まりました。特定のガンジー模様が編まれたものが記載エリアで調査員によって発見されました。

Whalsay ワルセイ

Foula フーラ島

The Orkneys オークニー諸島

Thurso サーソー
Wick ウィック

Hopeman ホープマン
Lossiemouth ロシマス
Banff バンフ
Gamrie Bay ガンビア・ベイ
Fraserburgh フレーザーバラ
Peterhead ピーターヘッド
Boddam ボダム
Cruden Bay クルーデン ベイ

Eriskay エリスケイ

Inverness インヴァネス

SCOTLAND スコットランド

Arbroath アーブロース
Anstruther アンストラザー
Fisherrow フィッシュアロー
Eyemouth アイマス
Seahouses シーハウシズ
Craster クラスター
Amble アンブル
Newbiggin by the Sea ニュービギン・バイ・ザ・シー
Cullercoats カラーコーツ

Campbeltown キャンベルタウン

Staithes スタイセス
Whitby ウィットビー
Robin Hood's Bay ロビン フッズ ベイ
Scarborough スカボロー
Filey ファイリー
Flamborough フランボロー
Bridlington ブリドリントン
Withernsea ウィズンシー
Hull ハル
Patrington パトリントン

Sheringham シェリンガム
Cromer クロマー
Great Yarmouth グレート・ヤーマス
Lowestoft ローストフト
Caister カイスター

WALES ウェールズ

ENGLAND イングランド

NETHERLANDS オランダ

Appledore アップルドア
Bude ブーデ

BELGIUM ベルギー

St. Ives セント・アイヴス
Polperro ポルペッロ

FRANCE フランス

Guernsey ガーンジー
Channel Islands チャンネル諸島
Jersey ジャージー

GANSEY（ガンジー）それとも GUERNSEY（ガーンジー）？

近年は、ガンジーとガーンジーを区別して著述する人たちもいます。
Ganseys（ガンジー）は、着丈はウエストまであり、イギリス北部で着られていた、体にぴったりフィットしたものをいったようです。一方、Guernseys（ガーンジー）は、チャンネル諸島はじめ南部から生まれた、長めの丈、ルーズなフィット感、無地のセーターを指していたようです。本書では、セーターの構造に焦点を当てるため、「ガンジー」と「ガーンジー」を同じ意味で使用し、この2つを区別しません。スコットランド、コーンウォール、イングランドの異なる地域の19世紀の写真を見ると、どのタイプにも脇下にマチがあり、ほかにも多くの共通点がありますので区別せず記載します。

最も繊細なガンジーは、晴れ着として、または写真撮影などの特別な機会に着用されました。
（写真提供：ウィックソサエティ、ジョンストンコレクション）

初期のガンジーは、下着として着られていたようでした。リュット司教は、男たちは仕事をしながら上着を脱ぎ、下着が露わになったので、編み手はガンジーの編み方に一層のケアを払ったのでは、とその可能性を示唆しています。模様が入り、構造上のテクニックがより洗練されていくにつれ、下着としてのガンジーは、堂々と見せて着ることができるカッコいいアウターになりました。最も繊細なガンジーは、晴れ着として結婚式や写真撮影など大切な行事に着用されました。

漁船が港から港へと移動するのに伴って、ガンジーのスタイルも広まりました。リュット司教によれば、「ヘブリディーズ諸島（スコットランド北西部の大西洋の諸島）から時計回りにスコットランドをまわり、ノーサンブリアとイースト・アングリアを経由してコーンウォールまで、イギリスの漁師たちのジャージー（ガンジーの別の呼び名）は、本質的には同じ」でした。オランダさえも、この実用的で耐久性の高い服の影響を受けていたことが『Henriette van der Klift-Tellegen's Knitting from the Netherlands』（1985年）で記されています。19世紀初頭のフランス経済ボイコット後、イギリスやほかの国々との交易路が再確立された際、1860年代にオランダでも初めてフィッシャーマンセーターが登場しました。

実際には、漁師だけでなく、多くの人々がガンジーを着ていました。フィッシャーラッシー（ラッシーはスコットランドの方言で娘、お嬢さんを意味する言葉）と呼ばれる女性たちがいました。フィッシャーラッシーは漁船の後を追って魚を洗う役目を担っていました。空き時間には自分用のセーターも編んでいたのです。

ガンジーに関連する古い写真が数多く残っているのは本当に幸運です。1850年から1860年まで、写真家のルイス・ハーディングは、ポルペッロ（コーンウォールの村）の漁師たちの顔と服を記録しました。19世紀に活躍した有名写真家、フランクM・サトクリフは、イングランドのウィットビーエリアでの漁師の生活様式を記録しました。研究者はこれらの写真を熱心に研究し、ガンジーの構造上のテクニックを記録。さまざまなセーターの模様を図に起こしました。エリザベス・ロヴィックは『A Gansey Workbook』（2009年）で次のように書いています。「それぞれの村には、その村独自のデザインがあるというのは真実ではありませんが、ある特定の模様が特定の海岸地域で見られる、といったケースはあります。模様の配置の仕方によって、イギリスの異なる地域を示している可能性もあります」

毛糸

ガンジーを編む糸は、産業革命終わり頃に開発され、「worsted yarn（ウーステッド・ヤーン）」として製造されました。「ウーステッド」とは、梳毛式と呼ばれる糸を紡ぐ方法を指す用語で、紡績前の繊維を準備する方法や、糸を紡ぐ方法を表します。このタイプの糸は、今日はさほど一般的なものではありません。

毛糸を作るには、初めに羊毛をスカーリング（洗毛と乾燥）し、羊毛に付着する脂質成分ラノリンの脱脂をします。ラノリンが付着した羊毛は均等に染色されるとは限らないため、「未脱脂糸」と呼ばれる糸は、染色されずに自然な色合いのままなのが一般的です。次に、羊毛をカーディング（ブラシで髪をとかすのと同様の作業）、コーミング（櫛で髪をとかすのと同様の作業）します。この工程によって、繊維を1本1本ほぐし、羊毛に付いている可能性がある植物性の不純物を取り除きます。滑らかで繊維がきれいにそろった糸を作るためには必要不可欠な作業です。最後に撚りをかけて単糸（シングル・プライ）に紡ぎます。糸の紡績は、短い羊毛繊維を重ねて紡ぐ紡毛式紡績（ウーレンスパン）、または毛の長い繊維を平行にして紡ぐ梳毛式紡績（ウーステッドスパン）のいずれかの方法があります。

これらの2つの紡績にはどのような違いがあるのでしょうか。紡毛式紡績の場合、紡績機へと垂直に並んだ繊維が取り込まれていくと、糸はどう撚られるのかを想像してみてください。短い繊維を集めて撚ることで、繊維と繊維の間に空気が含まれ、熱を閉じ込めるので、紡毛糸は保温性に優れ、上質な肌触りが特徴です。一方、長い繊維を平行に整列して紡ぐ梳毛式紡績はどうでしょうか。梳毛糸は大変丈夫で、密度の高い糸であるのが特徴です。

ガンジー毛糸の製造には、さらに多くの工程が含まれます。単糸は高い密度で撚られ、さらに複数の単糸を（単糸の撚りと）反対方向に再びきつく撚っています。この最後の撚り、複数の単糸を撚ることによって、糸の耐久性が高くなり、模様が美しく浮かびあがるのです。また、糸に光があたり、より多くのアングルから反射することで（撚る糸の本数が多いため多くのアングルができます）、複雑なハイライト/中間色/シャドウの色調をつくり出すのです。

a

a.（左）梳毛糸：ガンジーを編むのに適しており、密度が高く、滑らかな肌触り （右）紡毛糸：空気を含み、やわらかな肌触り

b. ニッティングワイヤー：ガンジーを編むときは、写真のような湾曲した針を使用することもありました。
（写真提供：デールズカントリーサイドミュージアム）

c. ニッティングベルト。ウィスクまたはウィスカとも呼ばれました。
（写真提供：Moray Firth Gansey Project）

d. ニッティングスティック。この道具は大変精巧に彫られたものもあり、編み針を刺して安定させることで編む人の助けとなっていました。写真は、ガチョウの翼をモチーフにした美しいニッティングスティックの一例。ウエストバンドに差し込む、またはウエスト部分に紐で固定して使用しました。
（写真提供：デールズカントリーサイドミュージアム）

e. スコットランドでは、ガンジーやそのほかのものを編むのにニッティングベルトの使用が普及していましたが、デールズやイギリスのほかの地域では、棒針の使用がより一般的でした。
（写真提供：デールズカントリーサイドミュージアム）

b

c

d

手仕事の道具

ガンジーを編む女性たちは、「ワイヤー」と呼ばれる針を使っていました。この針はスチール製で、端は石や玄関先の踏み石などで尖った先端になるよう研磨したものです。自転車の車輪部分すらも編み針に使われることもありました。日本の編み針の1号から2号（2.25から2.75mm）相当の4本またはそれ以上の棒針を使って編む人もいましたが、編み物の速度を上げるため多くの人は木製のニッティングスティックと呼ばれる道具を使っていました。ニッティングスティックのなかには精巧な木彫りが施されたものもありました。これをベルトやスカートのウエストバンドに差し込む、あるいは腰に巻いた紐状のものに引っ掛けるなどして固定しました。1本の編み針をニッティングスティックに差し込んで固定することで、重さを支え、編む人の手がより速く自由に作業することを可能にしました（生産を目的として編み物をするプロダクションニッターには、毎分200目を編み、1週間もかからずにガンジー1着を編む強者もいたとか）。

ガンジーの編み手たち

19世紀半ば、ニットの生産業者は、女性たちの雇用をスタートしました。夫は長期にわたり海に出て家を留守にするため、家族の経済的負担を一手に担う女性たちにオファーしたのです。多くの女性は、仲介者を介して働きました。仲介者は定期的に女性たちのもとを訪れ、完成品を受け取り、工賃を支払い、そして次の毛糸を届けました。なかには仲介を通さず自分たちでやりくりする人もいました。そういった女性たちは、数マイル離れたショップへ徒歩で出向き、完成したガンジーを届けていました。手編みのガンジーの生産は1930年代に終了したようですが、機械編みのガンジーは今もなおガーンジー島のLe Tricoteur（ル・トリコチュール）社が製造しています（186ページ「出典と材料提供」参照）。

時間と能力を費やして、本物のガンジーを手編みする人は現在ほとんどいません。幸いなことに、現在、着古されたガンジーは、「愛情をもって梱包され、美術館行きのトラックに乗せられる」道筋ができています。美しく編まれたセーターは、その豊かな歴史と伝統を表しているだけでなく、現代の編み物をする人々のために本物の基準とインスピレーションの源を提供し続けています。

e

型と構造

ガンジーは、体にぴったりフィットし、身頃は四角い形、肩はドロップショルダーが特徴のセーターです。初期のガンジーの裾は、まっすぐ、すとんとした形状でしたが、後にゴム編みのリブでも編まれるようになりました。伝統的なガンジーは、ネックラインは特に形を作らずまっすぐでしたが、襟に形を作った（止めや減目をしてラウンドネックにする）作品もありました。

セーターは、裾から脇下まではボトムアップで輪に編むので、とじはありません。脇下からはマチ（ガセット）を作り始めますが、マチの半分ができた時点で前身頃と後身頃に分け、前後を別々に肩まで往復編みします。肩まで編めたら、前肩と後肩をつなげますが、前後の肩の間に追加の編み地（ショルダーストラップ）を編むこともあります。袖を編む際は、アームホールから目を拾い、袖口まで編んで伏せ止めします。袖を編みながら残り半分のマチも作ります。最後に、襟から目を拾い、好みの襟に仕上げます。

このように、決まった型と構造の枠組みの範囲で、さまざまな技法を取り入れながらオンリーワンのガンジーが編まれてきました。例えば、作り目には実用性重視の方法と装飾的な見た目重視の方法があります。前者は強度アップを目的に複数本の糸を引きそろえて作り目をする、後者は装飾のために数本程度、といった具合です。初期のガンジーでは、ウェルトと呼ばれる裾（ガーター編みの帯状の裾）を編むのが一般的でしたが、後にゴム編みのリブが編まれるようになり、ぴったり体にフィットするようになりました。ウェルトにはシンプルな輪編み、あるいは両サイドにスリットを入れたデザインなどがあります。

ガンジーを編む際によく見る用語に「シームステッチ」と呼ばれるものがあり、これは裏目の模様や装飾的な模様が縦のラインになっている箇所を指します。シームステッチがあることで数枚のパーツを合わせたような見た目になります。また、シームステッチは、段の始まりや編み地の中心の印としての役割もあります。シームステッチは裾のリブから脇下まで、そこから脇下のマチの形に沿って二手に分かれ、それが再び袖部分で合流し、袖口まで続きます。

ウェルトの後は、プレーン地を編みます。イギリスの用語で、プレーン地はメリヤス編み（表目）の編み地のことをいいます。この表目の編み地は、アームホールまたはその手前まで、高さは2.5～30.5cmとさまざまです。プレーン地の高さを調整してデザインのバランスをとることが可能で、繰り返し模様のモチーフを均等に配置する際に役立ちます。

しばしば、シームステッチに近い位置、メリヤス地の下箇所に、実際にセーターを着る人のイニシャルがガーター編みまたは裏編みで編まれることもありました。また、メリヤス地の上部には、たいていの場合、幅2.5cmくらいのラインのように見える模様がガーター編み、鹿の子編み、あるいは裏編みで編まれました。この稜線状のラインを境に模様が始まることから、本書ではこれを「境界ライン」と呼びます。

境界ラインを境に、上部分には模様を入れます。ガンジーの模様は表目/裏目をふんだんに組み合わせたもので、その種類はさまざまです。なかにはシンプルなケーブル模様をいくつか組み合わせた作品もあります。

脇下に作るマチはひし形で、脇下に追加の編み地を作ることで、より自由な動きが可能になります。脇下がぴったりとしすぎると着たときに大きなストレスになることがあります。マチがあると稼働領域が広がるため、ストレスが減り同時にセーターも長持ちします。マチの半分ができたところで、アームホールを作りながら上部を編みます。輪に編んでいた身頃ですが、ここからは前身頃の目を休め、後身頃を肩まで往復編み（平編み）します。

前後の肩をつなげる方法はさまざまです。メリヤスはぎ、かぶせはぎなどの方法が伝統的によく使われましたが、最も圧巻なのは前後の肩の間にショルダーストラップを編む技法で、それは首からアームホールまで垂直にショルダーストラップを編みながら、それと同時に前後の肩をつなげていくものです。

肩をつなげた後は、袖を編みます。袖は、アームホールから目を拾い、輪に編みます。袖を編みながら、残り半分のマチを減目して作り、袖口まで編んだら止めます。袖に入る模様の量は、作品により異なります。

最後に、ネックラインから目を拾い、好みの高さまで編んだら止めます。襟のスタイルは地域によって異なります。ゴム編みリブもあれば、ボタン付きタートルネック、ロールアップやメリヤス地などさまざまです。襟を編む際に首にマチを入れることもあり、それはショルダーストラップ内、または肩をはぐ途中に作り、首周りを狭くして寒さを防ぐためのものでした。

ネックライン

伝統的なガンジーには特に形に決まりはありません。ネックラインはゴム編みやロールアップ、ボタン付きタートルネック、またはメリヤス地など、さまざまなスタイルでした。

模様

表目/裏目を組み合わせ、さらにシンプルなケーブル模様を一緒に入れるなど、さまざまな模様を作れます。

肩の処理

前後の肩をつなげる方法は、メリヤスはぎ、かぶせはぎ、またはショルダーストラップを編みながらつなぐ方法などがあります。

境界ライン　カフ

脇下のマチ（ガセット）

ひし形の形状をした脇下のマチは、着る人がもっと自由に動くことができ、着心地がよくなります。

境界ライン

境界ラインを境に、プレーン地と模様の編み地に分かれています。

プレーン地（メリヤス地）

ウェルトやリブを編んだら、その上は表目のプレーン地（メリヤス地）を入れます。そうすることでセーター上部分の模様編みとのバランス調整がしやすくなり、また着る人のイニシャルを入れたい場合はこの部分に編みます。

リブとウェルト

裾には、シンプルなガーターウェルト、スリット入りガーターウェルト、あるいはベンツ（重なりのあるスリット）入りガーターウェルトまたはゴム編みリブが使われます。

脇下のマチ（ガセット）

シームステッチ

シームステッチは裾のリブまたはウェルトから脇下まで、そこから脇下のマチの形に沿って二手に分かれ、それが再び袖部分で合流し袖口まで続きます。

ガンジーは、裾から脇下までボトムアップ、途中で脇下のマチを半分作るところまでを輪に編み進めます。次に前身頃と後身頃をそれぞれ分けて往復編みで肩まで編みます。

getting started and casting on

第2章　作り目から始めましょう

冒頭の「はじめに」（7ページ）でも説明したように、本書は下記の通り、サンプル（ミニチュア版ガンジー）を編む解説をしながら進む構成です。

- 作り目をする
- ガーターウェルトまたはリブを編む
- 増し目をして身頃を編む
- プレーン地（メリヤス地）を編む
- イニシャルを入れる
- 模様の配置を計画、編む
- 首のマチ（ガセット）を作る
- 前身頃と後身頃に分けて往復に編む
- 肩をつなげる
- 袖を編む
- ネックラインを仕上げる

伝統的なガンジーの編み方を手順ごとに解説、またオプションも提示しています（今日のように、当時の編み手たちも決まった型のみに縛られることを好みませんでした）。各章では、はじめに基本原理の説明、次にサンプルを使って編み方を解説します。さらにオリジナルデザインをする際にも役立つ、技法に関するオプションやバリエーション、さらに実寸大で編む際に必要なアレンジについても説明しています（116ページからの「作品集」のページにもデザインのバリエーションを追記しています）。

サンプルのミニチュア版ガンジーは全長約20.5cm。ミニチュアを編みながら伝統的な技法を解説します。

- チャンネルアイランド・キャストオンで作り目をする
- スリット入り、またはベンツ入りのガーターウェルトを編む
- 裏目2目のシームステッチを作る
- プレーン地にイニシャルを入れる
- ガーター編みで境界ラインを編む
- 縦模様を入れる
- 脇下にマチ（ガセット）を作る
- 増減なしでネックラインを作る
- ショルダーストラップを編みながら肩をつなげる
- 首のマチ（ガセット）を作る
- 襟に表目の編み地（メリヤス地）のウェルトを編んで仕上げる

表面が滑らかな糸（写真左）で編むと表目/裏目の模様にメリハリがあるのに対し、毛羽立ちのある毛糸（写真右）で編んだ作品は模様がぼやけています。

毛糸について

ガンジーセーターを編む際は、スポーツ、DK、または梳毛糸を使うことをおすすめします。これは、表面が滑らかな無地の糸で編むことで模様が際立つためです。商業紡績工場で生産された伝統的なガンジーの毛糸は、濃紺色にも関わらず、模様が目立つようにきつく撚られた5本撚りの糸でした。最初の正規メーカーをつくった1人は、ヨークシャー州のリチャード・ポプルトンです。ポプルトンの毛糸ラベルにはかつて、「1847年以来、ガンジーの編み手たちの愛用糸」と書かれていました。このブランドは後に「Wendy Guernsey（ウエンディ・ガーンジー）」と名前が変わり、現在もなお、同じ工場で紡がれています。ゲージは28〜36目（10cm）とハイゲージ（編み目が細かく、密に編まれたニット）で、完成までの道のりが長く、最後まで編むのが難しいと感じる方もいらっしゃると

伝統的なガンジーの作り目は、どの技法を使うかによって効果はさまざま、異なる仕上がりになります。
写真の上から順に：マルチストランド・キャストオン、ノッティド・キャストオン、ロングテール・キャストオン、チャネルアイランド・キャストオン

思います。しかし、伝統的な糸で編むのは、喜びもひとしお、素晴らしいチャレンジとなることでしょう。

ガンジーの作り目

ガンジーは裾から編むボトムアップです。そのためまず考えるべきは、どの方法で作り目をするか、です。どんな衣類も裾は摩擦が多く、すり切れやすいため、ガンジーの裾がほつれるのを防ぎ、長持ちするように、作り目についてはさまざまな工夫がされてきました。

伝統的なガンジーでは、3つの作り目の方法のいずれかが使われています。「The Knotted Cast-on（ノッティド・キャストオン）」(20ページ）と呼ばれる方法は、機能性と装飾美の両方を兼ね備えています。「The Multi-Strand Cast-on（マルチストランド・キャスト

オン）」(22ページ）は純粋に実用性重視の作り目の方法で、高い強度と高い耐久性が特徴です。サンプル（ミニチュア版ガンジー）では、「The Channel Island Cast-on（チャネルアイランド・キャストオン）」(19ページ）の方法を解説。この作り目は耐久性や伸縮性が高く、デコラティブな見た目にもなる技法です。

チャネルアイランド・キャストオンは、一連の動作を行うごとに2目、そして縁にはピコットのような小さな玉1つができる技法です。ガーターウェルト、リブのどちらに使用しても素敵ですが、リブに使った場合はさりげない印象、対してガーターウェルトの場合は、裾に沿ったピコットの縁取りが強調されます。この方法をリブに使う場合は、表目の編み目がピコットの付く目になるように配置に注意してください。そうしないと、せっかく作り目でできたピコットが裏目と一緒に埋もれてしまいます。

the sampler サンプルを編む

使用糸

ウーステッドウエイト・ヤーン　約113.4g
（使用糸　ブラウンシープ・ネイチャー・スパンウール
100%　244m / 100g　カラー：ナチュラル）

使用針

5号（3.75mm）棒針
8号（4.5mm）棒針（両先が使えるタイプ）
8号（4.5mm）輪針40.5cm
適切なゲージになるように針のサイズは調節してください。

ゲージ

18～20目（10cm）
サンプルを編む際は、ゲージの値はさほど重要ではありません。

そのほかに必要なもの

ステッチマーカー、ステッチホルダー、メジャー、
使用糸と反対色の別糸少々

作り目

1. 毛糸玉から長さ61cmの糸を2本切っておきます。これは、目を作りながら下部にピコット状の玉を作るためです（実寸大では、毛糸3玉の糸端を使います）。

2. 用意した2本の糸と糸玉の糸端1本を合わせて、3本どりでスリップノット（動く結び目）を作ります（作り目でできた目は、毛糸玉からでている糸端から作られます）。結び目は3本をひとまとめにして作ったため、厚みがでてゴロついていますが、これは1目として数えません。ガーターウェルトを編んだ後、スリップノットはほどきます。

3. 5号（3.75mm）棒針を使い、チャネルアイランド・キャストオンで34目作ります。この技法は、一連の動作で2目できるため、実際の動作は17回、計34目になります。棒針の糸のかけ方についてですが、フランス式でもアメリカ式でもどちらでも構いません。

「サンプルを編む」の続きは、25ページをご覧ください。

サンプルを編んで伝統的な技法を学び、実寸大を編むための準備をしましょう。

channel island cast-on チャネルアイランド・キャストオン

メモ：この技法は、一連の動作をすると2目できます。糸のかけ方はフランス式でもアメリカ式でもどちらでもできますが、最初に3本の糸をひとまとめにしてスリップノット（動く結び目）を作り、糸端は10cm程度残しておきます。スリップノットができたら棒針にかけます。

フランス式の場合

1. スリップノットを針にかけたら、左手の親指に2本の毛糸を反時計回りに2回巻き付けます。このとき2本の糸は親指の手前を通って針につながっています（21ページのロングテール・キャストオンの親指のかけ方と反対）。糸玉からでている糸を左手人さし指にかけます。棒針を右手に持ちます（**写真1**）。

2. 右手の棒針を次のように動かします。左手人さし指にかけている糸の上から向こう側へ、そして下に移動してすくう。針には、（スリップノットを除き）かけ目が1目（1目め）できます。

3. ピコットを作るため、親指に2回巻きされているループに表編みを編むように針を入れます（**写真2**）。

4. 続けてまたかけ目を作るように人さし指の糸に針をかけて2目めをのせたら（**写真3**）、親指のループの中に針を通して引っ張ります（**写真4**）。3本すべての糸を均等に引き締めます。

5. 1〜4を繰り返します。

アメリカ式の場合

1. スリップノットを針にかけたら、左手の親指に2本の毛糸を反時計回りに2回巻き付けます。このとき2本の糸は親指の手前を通って針につながっています（21ページのロングテール・キャストオンの親指のかけ方と反対）。

2. 糸玉からでている糸1本を右手人さし指にかけ、同じく右手に針を持ちます。人さし指にかかった糸を針の手前から上を通って向こう側へ針にかけて、かけ目を作ります。（スリップノットを除き）1目めができました（**写真1**）。

3. ピコットを作るため、親指に2回巻きされているループに表編みを編むように針を入れます（**写真2**）。

4. もう一度人さし指にかかった糸を針の手前から上を通って向こう側へ針にかけて、かけ目を作ったら（2目めができました）（**写真3**）、親指のループの中に針を通して引っ張ります（**写真4**）。3本すべての糸を均等に引き締めます。

5. 1〜4を繰り返します。

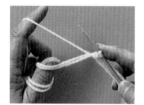
写真1

写真2

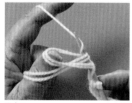
写真3

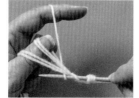
写真4

写真1

写真2

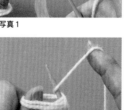
写真3

写真4

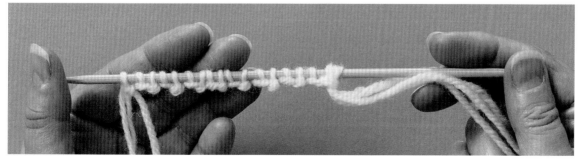
作り目ができた状態。

design variations デザインのバリエーション

THE KNOTTED CAST-ON (ノッティド・キャストオン)

この作り目は、デコラティブながら機能性も高い技法です。ガーターウェルトとの相性は抜群ですが、リブ編みにはあまり適していません。2目を作ったら、1目めを2目めにかぶせる（伏せ目する）ことで、作り目をした縁に沿って小さな結び目ができます。また、伏せ目のような操作を入れていることで、縁に厚みが増し、耐久性が高くなります。指定針よりも3〜4サイズ下の針で作り目をするときれいな作り目になります。縁がよれないように、できた目をしっかりと引き締めながら作るのがポイントです。

この作り目は、ロングテール・キャストオンまたはニッティド・キャストオンかのどちらかから始めますが（編み方は後述）、このどちらを選ぶかによって結び目の形が変わります。前者は結び目の見た目よりコンパクトになり、後者は結び目がより際立ちます。

1. ニッティド・キャストオンまたはロングテール・キャストオンのどちらかで2目作ります（写真1）。
2. 1目めを2目めにかぶせます（写真2）。
3. 1〜2を繰り返し、必要な目数を作ります。目をかぶせた後は2本の糸をしっかりと引っ張り、結び目を安定させます。結び目は前方位置になるようにすると安定します。

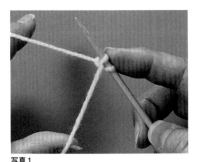

写真1

写真2

POINT

結び目のテンションを
一定に保つには練習ある
のみ。がんばって！

knitted cast-on (ニッティド・キャストオン)

1. スリップノット（動く結び目）を作ります。
2. 表編みをするように右針を目に入れます（写真1）。
3. 表編みと同じように、糸をかけて引き出しますが、左針の目をはずさずにそのまま左針に残します（写真2）。
4. 右側にできた目を左側の針に移します（写真3）。2〜4を繰り返し、必要な目数を作ります。

写真1

写真2

写真3

long-tail cast-on: two methods （ロングテール・キャストオン）
：フランス式とアメリカ式

フランス式

1. 必要な目数×2.5cmほどの糸端を残してスリップノットを作り、針に入れたら右手に持ちます。

2. 左手の親指に糸端側、人さし指に糸玉側の糸をかけて、2本の糸の間に上から親指と人さし指を入れて上に向けます。2本の糸はそれぞれの糸の外側にでます。ほかの3本の指を使いながら、2本の糸をピンと張ります（写真1）。

3. 親指にかかる糸に外側から針をかけます（写真2）。

4. 人さし指にかかっている糸に外側から針をかけます（写真3）。

5. そのまま親指のループの中を通って糸を手前に引き出します（写真4）。

6. 親指のループを外し、両方の糸を引き締めます（写真5）。2と同様に2本の糸の間に親指と人さし指を入れ直します。

7. 必要な目数になるまで3〜6を繰り返します。

アメリカ式

1. 必要な目数×2.5cmほどの糸端を残してスリップノットを作り、針に入れます。

2. 針を右手に持ち、糸玉側の糸端も右手に持ちます（写真1）。

3. 左手の親指に次のようにもう1本の糸をかけます。親指を糸の上→向こう側→下を通って→自分の方へ動かして親指に糸を巻き付けます。

4. 表編みをするように親指のループに針を入れます（写真2）。

5. 右手に持っている糸を針の手前にかけ（写真3）、親指のループから糸を引き出します（写真4）。

6. 親指をループからはずし、糸を引き締めます（写真5）。

7. 必要な目数になるまで3〜6を繰り返します。

写真1

写真2

写真3

写真4

写真5

写真1

写真2

写真3

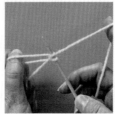

写真4

写真5

THE MULTISTRAND CAST-ON（マルチストランド・キャストオン）

昔のガンジーを見ると、その多くは「2本どりで作り目をする」と指示していることが分かります。これは、裾に厚みをもたせて際立たせ、さらに強度を増すための分かりやすい方法でした。当時の編み手は、ロングテール・キャストオン（21ページ）を2本どり（実質、親指と人さし指それぞれに2本ずつ、計4本の糸がかかります）で作り目をし、そのまま2本どりで最初のリブの数段を編んでいました。その結果、裾が丈夫になり、耐久性がありながらも伸縮性もある裾になります。伝統的なガンジー糸で、この方法を行うと素晴らしい結果が得られます。

複数本を引きそろえて作り目をするのは、ガーターウェルトよりもむしろ、リブ編みに使われました。リブを編む指定号数よりも3～

4サイズ下の針で作り目をすると、きれいな仕上がりになります。リブ編みも2サイズ下の針で編んでから、身頃の指定号数に替えていましたが、針のサイズをワンサイズのみで行っていた編み手もいました。

ロングテール・キャストオンで、糸をそれぞれダブルに2本にして（4本どりのように）作り目をします。作り目ができたら輪にして、2本の糸を手からはずして残り2本で4～6段編みます。次に、2本のうちの1本の糸をはずし、残り1本でリブの続きと身頃を編みます。作り目の数が多い場合は、毛糸玉4玉の糸端からそれぞれスリップノットを作り、糸端を短くします（130ページ「Jorn's Gansey」）。

糸を複数本どりで作り目し、リブを編む場合

1. 2本どりでスリップノットを作ります。親指、人さし指、それぞれの指には糸が2本かかっている状態で作り目をします（**写真1**）。
2. 2本の糸は手からはずし、残り2本でリブを4段～6段編みます（**写真2**）。
3. 1本の糸を手からはずし、残り1本で引き続きリブと身頃を編みます（**写真3**）。

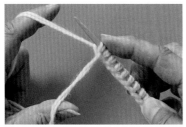
写真1

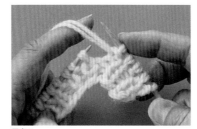
写真2

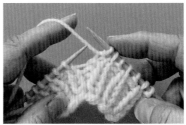
写真3

working full-size　実寸大を編む

実寸大を編み始める前に、セーターを希望のサイズに仕上げるために、まずスワッチ（試し編みの小さい編み地）を編み、目数と段数のゲージをとる必要があります。セーターを自分でデザインする場合、スワッチを編んでゲージをとり、作り目を何目にするか（それ以外のほかの数値も）を割り出します。必要な目数や段数を割り出すには、少なくとも10cm四方のスワッチを編む必要がありますが、スワッチを大きく編めば割り出しの精度は高くなります。ケーブル模様なしの伝統的なガンジーなら、スワッチは表目の編み地で十分です。スワッチを編んでみて、編み地がきつすぎるようなら、針のサイズを上げて新たにスワッチを編んでみましょう。編み目が緩すぎる、または編み地がくたっとしすぎている場合は、針を1～2サイズ下げてスワッチを編んでみましょう。

ガンジーの毛糸は、ブロッキング（仕上げに水通しをしたり、スチームをあてたりして形を整えること）後は編み目が安定し、編み地はとてもしなやかになります。ニットの作品は、仕上げにブロッキングをすることで、編み地が整い、見違えるほど美しくなるのです。したがって、スワッチを編んだら、ブロッキングの前後それぞれゲージをとることをおすすめします。ブロッキング前のゲージは、セーターを編んでいる途中にゲージを確認したい場合に使えます。ブロッキング後のゲージは、セーターの完成時の寸法の割り出しができます。どのような模様を入れて編んでも、スワッチとセーターのゲージは一致する必要があります。さらにブロッキング後のスワッチを見て、糸と選択した針の組み合わせは適切なのか、編み地は満足のいくものなのかなど、色々なことを検討できるのです。

目数を割り出す際は、端数もできるだけ正確にしたいところですが、ゲージが36目（10cm）のハイゲージ（編み目が細かく、密に編まれたニット）の場合においての1/4目は、ゲージが16目（10cm）の場合ほど重要ではありません。私の場合、できる限り正確な整数でゲージをとりたいので、5cm編むごとにゲージをチェックすることにしています。大切なのは編み目を一定に維持すること。ですから、編んでいる途中で躊躇なく針のサイズを変更することもあれば、必要ならばほどいてやり直し、ゲージの維持に努めています。

THE PERCENTAGE METHOD（パーセンテージ法）

パーセンテージ法は、エリザベス・ジマーマンが考案、さらにプリシラ・ギブソン・ロバーツが発展させた方法で、ガンジーの寸法の割り出しに大変便利です。すべての計算は、1つの計算値、つまり「胸囲＋ゆるみ」に基づいて展開する計算方法です（ゆるみとは、セーターが快適にフィットするように設定する余白で、通常は5〜10cmほど）。

例えば、ゲージが16目（10cm）、胸囲（ゆるみも含む）が105cmのセーターを編みたいとします。このゆるみを含めた胸囲に1cmあたりの目数（16目÷10cm＝1.6目/cm）を掛けて、身頃を何目にするか割り出します。

105cm×1.6目/cm=168目

このセーターの円周の値を100%として展開します。上記の計算で導きだした数値をもとに、作り目の数を決めます。リブは体にフィットするように、身頃の目数の90%で割り出します。

168目×0.90=151.2目

リブ編みの繰り返しの目数に応じて、割り出した数のいちばん近い整数に決めましょう。

昔のガンジーは、リブと身頃の目数の比率はさまざまでした。現代のガンジーのリブは身頃の90%が一般的なのに対し、昔のガンジーのリブは、身頃と同じ目数（100%）のものも多くありました。リブの割合は、リブの編み地がどの程度身頃と差をつけて引き締めシルエットにしたいかに影響します。針の号数を下げて編むことでリブは引き締まりますが、多くの場合、ガンジーは終始同じサイズの針を使い編まれていました。反対に、リブの目数から22%も身頃で増える作品も一部ありました。この場合、リブを編んだ後の1段めで一気に増し目せず、6〜8段を編んでいる間に増し目する、といったものでした。

今日では、リブが引き締まりすぎていないシルエットが好まれているようです。その場合、リブには、身頃を編む針の1サイズ下の針を使用し、身頃と同じ目数で作り目をすれば、リブを編み終えた後に増し目の必要はありません。きゅっと締まったリブにしたい場合は、身頃の目数の90%の数で作り目をし、さらに身頃を編む針の2〜3サイズ下の針を使って編むといいでしょう。

ribbing and welts

第3章 リブまたはウェルトを編む

『Mary Thomas's Knitting Book』(1972年)によると、リブは「表目と裏目を交互に編み、表目と裏目それぞれ垂直に縦のラインを編んで形成された裾」、ウェルトは「裾周りの水平な帯状の縁で、表編みの段と裏編みの段を1段ずつ、または複数段ずつ交互に編んだ裾」と記述されています。しかし、いつしか「ウェルト」という言葉は、リブかウェルトかに関わらず、ガンジーの裾を意味するようになりました。従って、本書では、2種類の裾をそれぞれ「リブ」、「ガーターウェルト」と呼ぶことにします。

昔のガンジーの裾のスタイルはさまざまでした。1目ゴム編みリブ(表目1目×裏目1目)や、2目ゴム編みリブ(表目2目×裏目2目)などは通常高さ5〜11.5cmくらい、ガーターウェルトは高さ6.5cmの作品もありました。

ガーターウェルト

ガーターウェルトは、裾が体にフィットするというよりも、まっすぐすとんとしたシルエットで、裾のストレスや摩耗を減らすことができます。ガーターウェルトには、切れ目なく輪に編んだガーターウェルト、スリット入り、ベンツ入り(スリットに重なりがあるもの)があります(サンプルでは、スリット入りとベンツ入りを解説)。ガーター編みの編み地は、メリヤス地よりも横に伸びる傾向があるため、広がりすぎないように身頃の目数よりも少ない目数で作ります。編んでいる途中ウェルトがめくれることがありますが心配ありません。これはよくあることで、ブロッキングで整えると本来のウェルトの姿になり、すとんとした形になります。

切れ目のないガーターウェルトは輪に編みますが、身頃の目数の90〜96%の目数で作り目をしたら輪にして(編み始めはねじれないように注意)、希望の高さになるまで表編みと裏編みを1段ずつ交互に繰り返します。

スリットを入れる場合は、ガーターウェルトを往復編み(平編み)で2枚(1枚は前身頃、1枚は後身頃)作ったものを輪に合わせます。合わせた箇所にサイドスリットができます。スリットを入れることによって、裾の可動域が広がり、より自由な動きが可能になります。さらに一味違うスリットスタイルなら、サンプルのように、2枚を輪にしたときに数目を重ねたスリット(ベンツ)もあり、合わせた箇所に強度がつきます(サンプルでは、2目分の重なりに対し、実寸大のセーターでは3目の重なりがあるのでもっと丈夫になります)。スリット入りのガーターウェルトは往復編みのため、表側も裏側も毎段表編みをします。

実寸大のガンジーセーター。ベンツ(スリットに重なりがあるもの)入りのガーターウェルト。

the sampler サンプルを編む

ガーターウェルト

(18ページ「サンプルを編む」の続き)

サンプル(ミニチュア版ガンジー)では作り目が終わったら、下記の通り行います。

1段め：表編み3目、左上2目一度、段の最後まで表編み →計33目になります。

棒針2本を使い、往復編みであと8段ガーター編み(表側も裏側も表編み)します。一旦糸を切り、できた編み地を横に置いておきます。同じものをもう1枚作りますが、糸は切らないでおきます。

2枚のガーターウェルトを平らな場所に置きます。まだ糸を切っていない2枚めの編み地の糸側を右にして、自分の左側になるように置きます。ガーターウェルトの表側(5本の裏目の線がでている側の編み地)を自分の方に向けて上向きにして、2本の針先が向かい合っている状態にします**(写真1)**。("作り目+ガーターウェルト奇数段編んだら表側"と覚えておくと分かりやすいです)。

3本めの棒針(針③とする)を用意し、右ウェルトの左端2目を針③に移します**(写真2)**。 針③は右ウェルトの端の2目がついた状態でこのままにしておきます。

それぞれ端の2目を(左ウェルトを手前にして)重ねて、重なった目どうしを裏目の2目一度をします**(写真3)**。
メモ：2本の針から裏目の2目一度をする場合、最初に右の針先を後ろ側の針の目に裏編みをするように入れ、次に手前の針の目にも同じように入れます。

続いて、表編み29目して、続けて、もう一度端どうしを重ね(ただし、こちら側はこの編み地の2目を手前にします)、裏目の2目一度を2回します**(写真4)**。

表編み29目したら、マーカーを付けます。これで、前後が合体し、サイドのシームステッチには前身頃のウェルトが後身頃のウェルトの上に重なるベンツができました。ウェルトを裏目2目一度して重なりをもたせた裏目2目は、シームステッチとして身頃(計62目)を編む際にはずっと裏目2目で編みます。

「サンプルを編む」の続きは30ページをご覧ください。

写真1

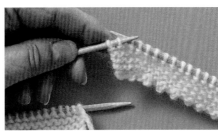

写真2

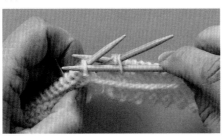

写真3

写真4

design variations デザインのバリエーション

ガーターウェルトを編む場合、一般的に「ガーター編み」と呼ぶ編み地（往復編みの場合：表側も裏側も表編み、輪編みの場合：1段ずつ表編みと裏編みを交互に編んでできる編み地）に限定する必要はありません。表編みと裏編みをそれぞれ2段ずつの繰り返しや、均等な繰り返しではないような変わりガーター編みを試してみるのもいいでしょう。例えば、表編み2段と裏編み3段の繰り返し、あるいは表編み4段と裏編み2段の繰り返し、といった具合です。ガーター編みに限らず、鹿の子編みでもいいでしょう。

ガンジーの裾部分は、どのスタイルを選択してもリブまたはウェルトとして扱われます。

（写真右上から順に）：2目ゴム編みリブ、ベンツ入りガーターウェルトの上にゴム編みを編んだタイプ、スリット入りガーターウェルト、複数本どりで作り目した2目ゴム編みのリブ

working full-size 実寸大を編む

メモ：このセクションでは、以降は第11章で紹介しているセーターを例に挙げて解説します。編み方の手順を詳しく説明しますので、必要に応じて参照してください。31ページでは、チャート（編み図）を描く際の最初の工程を確認できます。

実寸大ガンジーの裾をガーターウェルトにする場合、スワッチを編んだ上にウェルトのスワッチも編みましょう。寸法や模様を決めたら、このスワッチをもとに割り出しをします。10cm四方のスワッチを見て、メリヤス地とガーター地、互いの編み地のバランスを確認します。

ガーター編みは、毛糸や針のサイズによっては、編み地が横に広がる傾向があります。ガーターウェルトをスワッチの目数の90%で編むとほぼ問題ないとは思いますが、万一、ガーターウェルトのスワッチにヨレで始めた場合は、さらに目数を減らして作り目することをおすすめします。ガーターウェルトを編んだら、100%として設定した身頃の目数になるように等間隔に増し目します。

例えば、身頃の全周（胸囲＋ゆるみ）が168目の場合、168に0.9を掛けます。シンプルなガーターウェルトの場合は、合計152目（151.2にいちばん近い偶数の整数）を作り、輪に編みます。希望の高さを編んだら、次の段で等間隔に16目増やして、合計168目にします。この段で増し目をする意図は、ガーターウェルトがフレアになるのを回避することで、リブ編みのように体にフィットさせるウェルトを作ることではありません。

スリット入りガーターウェルトを編む場合は、往復編みをします。スワッチのガーター編みのヨレ具合にもよりますが、身頃の目数の45%の目を作り、2枚編みます（身頃全周が168目として、スワッチに

ほとんどヨレがなければ、76目の作り目をするということになります）。

スリットを入れる場合は、ガーターウェルトを2枚、希望の高さになるまで編みます。通常、子供用は高さ2.5cmくらい、大人用は高さ3.8〜6.5cmくらいが一般的です（2枚のガーターウェルトの段数を数え、同じであることを確認しましょう。ほかの編み地と同様、メジャーは概算時にのみ使います）。2枚の編み地を1つに合わせるには、輪針でウェルト1枚を編み、続けてもう1枚のウェルトの目を拾って編みます。2枚めのウェルトを編み終えたら、1枚めのウェルトの1目めを編み始めます。輪に編むときは編み地がねじれないように注意してください。引き続き輪編みで編みます（スリットに重なりを入れる場合は、24ページを参照してください）。

リブ編み

裾をリブ編みにする場合は、身頃の目数の90%で割り出します。ただし、作り目数は、リブの1模様繰り返しの倍数にする必要があります。数を足したり引いたりして目数を調整しましょう。

例えば、2目ゴム編み（表目2目×裏目2目）のリブにする場合、1模様繰り返しは4目です。この場合、90%で割り出した数を4で割り切れるいちばん近い目数で作り目をします。

> 身頃の目数が168目（これを100%とする）の場合
> リブの目数の割り出し：168×0.90＝151.2

つまり、152目です。

リブの作り目：152/4＝［表目2目×裏目2目］を38回繰り返し
常に1模様の目数の倍数で割り切れる数にして、リブを編んだときに繰り返しのパターンで連続的に編めるようにします。

the lower body

第4章　身頃の下部分を編む　プレーン地、シームステッチ、境界ライン

ガーターウェルトまたはリブを編み終えたら、プレーン地（シンプルな表目の編み地）を編み始めます。この場所には、着る人のイニシャルを入れることも可能です。プレーン地を編み終えたら、境界ラインとしてガーター編みを数段編みます。境界ラインは、プレーン地の終わりとセーターの模様の始まりの間に入れるラインです。シームステッチは、往復編みした編み地をつなげた所にライン状に編まれる目のことです。

プレーン地（表目の編み地）

プレーンニッティングとは、イギリスの用語では、表目の編み地、そして表目それ自体のことを指します。伝統的なガンジーでは、プレーンの編み地のエリアは、2.5cmから数cmの高さ、なかには脇下のマチの始まりまで続くセーターもあります。プレーン地には3つの機能があります。1つめは、裾のウェルトやリブがすり切れたときに、裾を切り、プレーン地から目を拾い、裾を編み直すことが可能です。2つめは、模様のレイアウトを最大限に引き出すために、プレーンな編み地があることでデザインの高さの調節が可能になり、全体のバランスをとることができます。3つめは、プレーンのシンプルな編み地にイニシャルを入れると、背景がすっきりしているので読みやすいということです。

プレーンの編み地にガーター編みのイニシャルが入ったセーター。
裾はガーターウェルト。

アルファベット「L」で比較：裏目のみ（写真右）の文字は、ガーター編み（写真左）や鹿の子編み（写真中央）の文字と比較するとはっきりしない印象。
これは、「L」の縦のラインが裏目だと沈んでしまい、横のラインは突き出ているためです。

イニシャルを入れる場合

セーターに着る人のイニシャルを入れる場合、シームステッチの横、前身頃のウェルトを編んだ後のすぐ上に入れることが多いです。ハイゲージ（編み目が細かく、密に編まれたニット）ほど、イニシャルはより繊細な仕上がりになります。文字には裏目のみで作るよりも鹿の子編みやガーター編みが使われます。それらの編み方で文字を編むと、プレーン地に文字が平面的にきれいに出るため、最も読みやすいからです。リブ編みのように、縦に編み目が並ぶ場合、表目の列は編み目が突き出て、裏目の列は引っ込みます。一方、横に編み目が並ぶ場合、今度は裏目が突き出て、表目が引っ込んだように見えます。どの文字かにもよりますが、すべて裏目で文字を作ると、裏目が引っ込んでしまい全く読めない場合があります。

シームステッチ

シームステッチを入れることは、ガンジーでは一般的です。多くの場合、輪編みの編み始めや、中心の印として裏目1目または裏目2目を編みます。シームステッチはステッチマーカーの代わりになり、両端の編み目が明確です。シームステッチはウェルトまたはリブの後、上方向にセーターの両サイドに入り、脇下のマチに沿って進み、その後、袖、袖口へと続きます。

シームステッチは、リブ編みの流れに沿って合理的に続く必要があります。例えば、2目ゴム編みのリブなら、リブの裏目2目をそのままシームステッチで続ける、または1目ゴム編みリブなら裏目1目をシームステッチとして利用する、といった具合です。サンプルのようにガーター編みに重なりを持たせる（ベンツを入れる）場合、その接点の裏目2目がシームステッチになるので、うまく機能します。2枚のガーターウェルトを合わせて輪にするときは、端の2目をそれぞれ裏目2目一度して、裏目2目のシームステッチを作ります。

境界ライン

境界ラインとは、ガーター編みまたは鹿の子編みを数段編んで作るラインのことを指し、ライン幅は2.5〜3.8cm以下が一般的です。境界ラインは、プレーン地が終わり、身頃と袖の模様編みが始まる境を明確にするものです。

ガーター編みの編み地は、表目の編み地よりも伸びがあり広がりやすいため、境界ラインも広がる場合があります。その場合は、ガーター編みをするときに、1サイズ下の針を使うと改善できます。あるいは、ガーター編みをきつめに編むことを心がけるとテンションをコントロールできますし、仕上げのブロッキングで整えることも可能です。針の号数を下げてガーター編みをした際は、ガーター編みを終えたら元の針のサイズに戻すことを忘れずに行ってください。

the sampler サンプルを編む

身頃の下部分を編む

(25ページ「サンプルを編む」の続き)

サンプル（ミニチュア版ガンジー）では、ガーターウェルトを編み終えたあと、脇下手前の位置まできたら、身頃にマチの半分を作りながら輪に編みます。前章の「サンプルを編む」では、ガーターウェルト10段めまで編みましたので（25ページ）、以下は続きの11段めから始めます。針を8号（4.5mm）輪針に替えて編み始めましょう。

11段め、12段め：裏編み2目、表編み29目、マーカーを付ける（中間）、裏編み2目、表編み29目

イニシャルを入れる場合

イニシャルを入れる際は、デザインに少し時間をかけます。31ページの身頃のチャートには、身頃の下部分に太枠でイニシャルを入れる場所を記しています。選択したイニシャルによっては、枠内に収まらないこともありますが、右ぞろえでイニシャルを配置して、枠外になってしまう場合は左側がはみでるように配置します。

入れたい文字をチャートの太枠内に描きます。

13段め：裏編み2目、表編み2目、イニシャルのチャートにしたがって編む、中心のマーカーまで表編み、裏編み2目、段の終わりまで表編み

14段め〜22段め：前段の流れに沿って、表編みのところは表編み、両サイドのシームステッチ（裏目2目）を続けながら、イニシャルの箇所はチャートにしたがって編み、計10段編みます。

23段め〜25段め：11段めを繰り返し

引き続き、下記の通り、境界ラインを編みます。

26段め、28段め、30段め：裏編み（シームステッチ裏目2目は維持しながら）

27段め、29段め：表編み（シームステッチ裏目2目は維持しながら）

「サンプルを編む」の続きは40ページをご覧ください。

サンプルのイニシャル（大文字B）は、シード・ステッチのイニシャルで、プレーン地に編んでいます。境界ラインは、ガーター編み5段です。

サンプルのチャート

下記は、サンプルのミニチュア版ガンジー全体のチャート(編み図)です。このチャートは、以降の章でもサンプル解説のときに繰り返し記載しています。

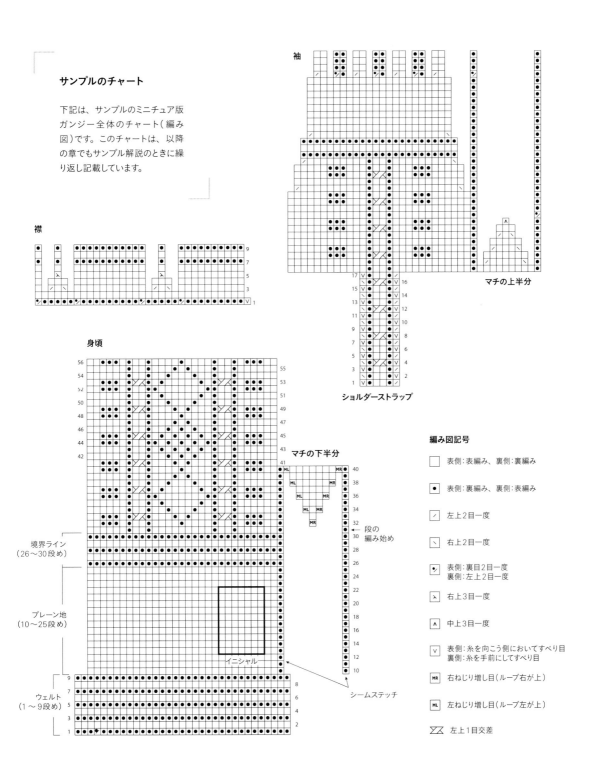

襟

袖

マチの上半分

ショルダーストラップ

身頃

境界ライン
(26〜30段め)

プレーン地
(10〜25段め)

ウェルト
(1〜9段め)

イニシャル

シームステッチ

マチの下半分

← 段の編み始め

編み図記号

☐	表側:表編み、裏側:裏編み
●	表側:裏編み、裏側:表編み
／	左上2目一度
＼	右上2目一度
◆	表側:裏目2目一度 裏側:左上2目一度
⅄	右上3目一度
∧	中上3目一度
Ｖ	表側:糸を向こう側においてすべり目 裏側:糸を手前にしてすべり目
MR	右ねじり増し目(ループ右が上)
ML	左ねじり増し目(ループ左が上)
✕	左上1目交差

チャートを読む

チャート(編み図)は、実際に編む前に、セーター全体を視覚化する便利な方法です。ほとんどのガンジーの前後の身頃は同じデザインなので(ただしイニシャルを入れる場合はその箇所の前身頃のみ異なります)、下記は前身頃のみをチャートで表しています。前身頃にネックラインの形を作る場合は、後身頃のネックの全体と、ネックラインの輪郭を太線で示して、両方分かるようにしています。チャートの方眼は編み目1目を表しています。本書では、黒マル(●)がついた方眼は(表側を見て編む場合)裏編み、空白の方眼は(表側を見て編む場合)表編みを意味しています。ただしこれらの編み目は、裏側を見て編む場合に表裏が逆になり、それぞれ裏側を見て編む場合は、(表側で裏編みの場合)表編み、(表側で表編みの場合)裏編みをします。ほかの著者やニットデザイナーによっては、本書とは異なる編み図記号を使っているものもありますが、通常はどの記号が何を表すのか、編み図記号の説明が記載されています。

往復編みする場合(身頃上部分を編む際)は、チャートも往復に読みます。輪編みをする場合(身頃下部分を編む際は輪編み)は、チャートは右→左に読み続けます。チャートでは前身頃のみを記載していますので、各段を2回ずつ(前身頃1回、後身頃1回)見ながら編んでください。

ガンジーはボトムアップ(裾から上へ)で編みますが、同様にチャートも下から上へと見ます。袖は、肩から袖口に向かって編みますので(第9章参照)、チャートも同じく肩側から袖口へと読み進めます。

サンプルで身頃下部分を編んだときと同様に、右側から輪に編むことを想像してみましょう。右側から編み始め、左へ編み進めます。ぐるっと輪に1段が編めて次の段を編み始める際は、見ている方眼を1段上(次の段)に移し、再びチャートの右側から左へ読みます(前後編むのでチャートを2回繰り返す)。輪編みの場合、常にセーターの表側が自分に向いています。これによって、チャートの編み図記号と編み地が常に一致するため、模様を追いやすいです。

一方、往復編みの場合、編み地を往復に編むのと同じように、チャートもそう読みます。例えば、右側のマチ上半分(輪に編んでいた身頃を前後に分けたところ)の1段めを編み始めるとすると、編み地の右から左へ向かって編み進めます。2段めは、編み地を裏に返して裏側を見て編みます。チャートも同様に左から右へ向かって見るのですが、裏側を見て編む際は、実際にチャートに記載されている記号の反対に対応する編み方をする必要があります。

マチは、実際に編む場合と同様に、チャート上でも三角形で描かれています。マチの下に走る直線の目は、シームステッチを表しています。チャート上では、いちばん右端の裏目1目から編み始めますが、方眼と方眼の間に空間あります。この開いた空間はチャート上のみで、実際に身頃を編むときは編み目が連続しています。マチ部分にも裏目2目の間に空間がありますが、数段先の増し目を記号で表すためにチャート上ではあらかじめ空間を設けているだけです。この空間があることで、2次元の紙面に3次元の形状を紙面上で分かりやすく記すことができるのです。

ガンジーは多くの場合、前後の身頃が同じなので、必要な編み図は片側分だけになります。ただしネックラインに形を作るときは前身頃のみ違うラインを作るため、このように線で表します。

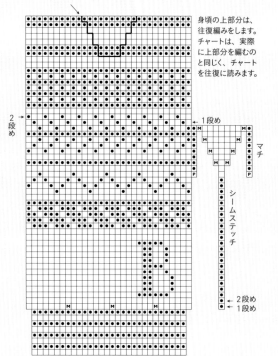

身頃の上部分は、往復編みをします。チャートは、実際に上部分を編むのと同じく、チャートを往復に読みます。

2段め →

← 1段め

マチ

シームステッチ

2段め
1段め

シームステッチは機能性もあり、デコラティブです。 シームステッチは、各段の編み始めと中間に入り、往復編みの場合は継ぎ目の位置を示します。
（写真左から順に）4目のシームステッチ、3目のシームステッチ、ケーブル模様7目のシームステッチ、ガーター編み2目のシームステッチ、
裏編み1目のシームステッチ、そして鹿の子編み2目のシームステッチ。サンプルは裏目2目のシームステッチにしています。

design variations デザインのバリエーション

ガンジーの編み手は、ときどきデコラティブな要素を加えることもあ
りました。例えば、表目1目と裏目1目を交互に編んで鹿の子編み
にするとか、ほかにはシームステッチを1目にして表目と裏目を交互
に編み、1目のガーター編みのラインにすることもありました。さらに、
バリエーションとして裏目・表目・裏目の3目のシームステッチを入れ
た作品もありました。このような3目のシームステッチは、3目を重
ねたガーターウェルトの場合に有効です。また、1目ゴム編みのリ
ブにも3目のシームステッチがうまく機能しますが、真ん中の目（ガ
ーター地またはプレーン地の際にも）にはリブで編んだ表目になる
ようにして、リブの裏目がそのままシームステッチの裏目に続くよう
にしましょう。

ガンジーのなかには、ガーターウェルトを編んだ後に、装飾として
模様がわりにリブを数段入れて、プレーン地の始まりを示す作品も
ありました。このタイプのリブは、ガーターウェルトの後に、1目ゴ
ム編み、または2目ゴム編みのリブが約2.5cmほど入っています。

ガーターウェルトの後に、2目ゴム編みのリブを入れた編み地。この数段のリブ
の上からプレーン地が始まります。

working full-size 実寸大を編む

イニシャルを入れるなら…

大人用を編む場合、イニシャルの高さは2.5〜5cmほどがいいでしょう。このくらいの高さならスペースにも余裕があります（ウーステッドウエイトで編む場合は、スポーツウエイトまたはガンジーの毛糸を使うときよりも段数が少ないアルファベットパターンを使用してください）。次のページでは、3パターンのアルファベットをご紹介しています。これらを取っ掛かりとして独自の文字をデザインしてもよいでしょう。

プレーン地（メリヤス地）

プレーン地は、作品によってその高さはさまざまです。このプレーン地部分が作品ごとに柔軟であることで、必要に応じて丈の調整や、模様のバランスの調整が可能になります。
デザインをする際、模様は肩から境界ラインまでの位置に配置されます（第5章と第11章を参照）。選択した模様をキリのいい形で編み始め、繰り返し、終了するには、プレーン地の段数を増減して調整するときれいに取り込むことができます。

ショートロウ（引き返し編み）を入れて身頃をカスタムする場合

ガンジーを着たときに後身頃がツレて「引き上がる」のを避けるためにアレンジすることができます。ツレは後ろのネックラインの形が作られていない場合に起こりますが、バストが大きい人やお腹がでている人が着ても起こる場合があり、後ろが吊り上がってしまう原因になります。

これを補うために、「ショートロウ（引き返し編み）」を後身頃か前身頃のプレーン地部分に入れると効果的です。前後の身頃のどちらに入れるかは、前後どちらの身頃にゆるみを加えたいか次第です。ショートロウとは、（往復編みの場合）端から端まで、または（輪編みの場合）シームステッチからシームステッチまで1段を最後まで編まずに編み地を返しながら編む技法です。シームステッチよりも手前で編むのをやめ、編み地を裏側に裏目で編み戻り、もう一方のシームステッチよりも手前まで編む、といった具合です。

編み地を裏返して編み進めていくと、裏返した箇所に段差ができるため穴ができてしまいます。ショートロウ（引き返し編み）には、いくつかの違う技法があり、例えばラップ&ターンや、ジャーマン・ショートロウ、あるいはジャパニーズ・ショートロウといった技法があります。こういった技法は、それぞれ違う方法でこの穴が開いたところを処理（段消し）します（詳細は、ジェニファー・ダッソー著『Knitting Short Rows』(Interweave、2016年)を参照してください）。

伝統的な引き返し編み：ラップ&ターン

前身頃は前段からの流れに沿ってそのまま編み進め、後身頃を編みますが、シームステッチの3目手前まで編みます。

ラップ&ターン（表側）： *1.* 糸を手前にして、*2.* 左針にある次の目をすべり目して右針に移したら、*3.* 糸を向こう側にして、*4.* すべり目した目を左針に戻します。
編み地を返して、裏側を自分の方に向けます。

裏側を見ながら、裏編みでシームステッチの3目手前まで編みます。

ラップ&ターン（裏側）： *1.* 糸を向こう側にして、*2.* 左針にある次の目をすべり目して右針に移したら、*3.* 糸を手前にして、*4.* すべり目した目を左針に戻します。
編み地を返して、表側が自分の方に向けます。

表側を見ながら編み進め、先ほどラップした箇所まで編めたら次のように編みます（前段でラップした目を拾う）。

表側の場合：表編みをして、ラップされた目の手前まで編んだら、右針の先でラップの目をすくいながら、ラップされた目にも右針を入れ、そのまま2目一緒に表編みします。

裏側の場合：裏編みをして、ラップされた目の手前まで編んだら、端を見て表側からも確認してラップを確認します。後ろから右針の先で下からすくい、左針に移します。すくったラップとラップされた目を2目一緒に裏編みします。ラップは表側からも見えなくなりました。

引き返し編みをしたことで、後身頃に余計に2段が追加で編まれました。ラップ&ターンでは、次段でラップの目まできたら、ラップされた目と一緒にラップした目を編むのがポイントです。ラップ&ターンは、必要に応じて1〜2回以上行うこともできます。

ジャパニーズ・ショートロウ

後身頃を編み進め、シームステッチの3目手前まで編みます。編み地を返して裏側にして、編み糸に段数マーカーを付けます。裏編みで編み、もう一方のシームステッチの3目手前まで編みます。編み地を返して表側にして、編み糸に段数マーカーを付けます。最初につけた段数マーカーまで表編みします。マーカーを引き上げて目を引き出し、できたループの右脚が針の前にくるように左針にのせ、左針の次の目と一緒に表編みします。段数マーカーをはずします。

引き返し編みをしたことで、後身頃に余計に2段が追加で編まれました。ジャパニーズ・ショートロウでは、次の段で段数マーカーを付けた目まで編んだら、マーカーを引き上げて左針にのせ、次の目

と一緒に編むのがポイントです。2目一緒に編んだ後、段数マーカーをはずします。ジャパニーズ・ショートロウは、必要に応じてあと1〜2回以上行うこともできます。

ジャーマン・ショートロウ

後身頃を編み進め、シームステッチの2目手前まで編みます。編み地を返して裏側にし、左針の1目めを裏編みするように右針を入れすべり目します。糸を手前にし、上向きに後ろに引っ張って向こう側にします。引っ張った箇所が2目できたような見ため（ダブルステッチ）になります。（引っ張った箇所にできた2目を維持した状態で）糸を手前にして裏編みを始めます。

シームステッチの2目手前まで裏編みします。編み地を返して表側にし、糸を手前にして、左針の1目めを裏編みをするように針を入れてすべり目して右針に移します。糸を上向きに後ろに引っ張って向こう側にします。引っ張った箇所が2目できたような見た目（ダブルステッチ）になります。（引っ張った箇所にできた2目を維持しながら）表編みします。

前段でダブルステッチにした箇所までできたら、このダブルステッチの2目を2目一緒に編みます。輪編みを続けます。

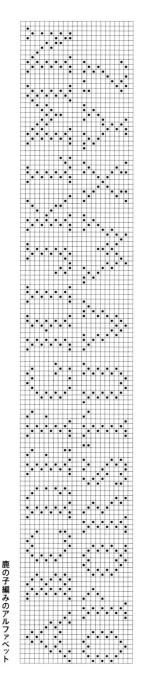

鹿の子編みのアルファベット

ガーター編みのアルファベット

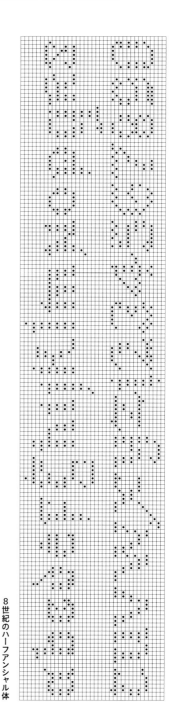

8世紀のハーフアンシャル体

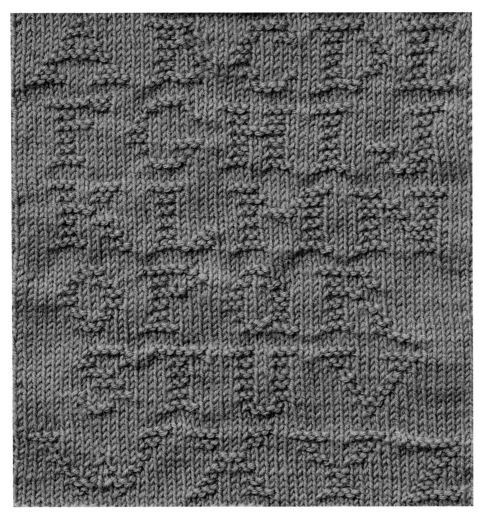

ガーター編みで編んだアルファベットのスワッチ

イニシャル記入用の空白チャート

こちらの空白の方眼を使って、自分のガンジーに入れるイニシャルを書いてみましょう。

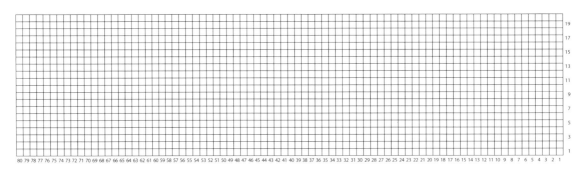

漁業とフィッシャーガールズ

19世紀、スコットランドのマレー湾周辺では、漁業は活気があり大きく成長しました。500マイル（804.6キロ）の海岸線で獲れたのは、鮭、白魚、甲殻類、サバ、ニシンなど。特にニシン漁は、1800年代初頭に大変繁盛し、雇用が大幅に増加しました。スコットランド最北の港町ウィックにおいては、基礎人口1500人ほどの町が、1920年までにニシン漁の季節になると驚異的な成長を遂げたのです。ウィックの人口は、商人たち（おけ屋、魚を保存加工する労働者、魚の内臓を取る労働者、ほか）が仕事のために町に押し寄せ、ニシン漁の繁忙期には人口5,000人を超えました。

夏の始めから秋の終わりまで、あらゆる年齢の何千人もの女性たちによる移動可能な労働チームが構成され、女性たちはイギリスの海岸沿いをニシンの群れを追って移動する漁船団の後を追っていました。ヘリングガール（フィッシャーガールまたはフィッシュラッシーとも呼ばれました）たちは、3人のグループで働き、2人は魚の内臓を取り除く作業、1人はパッキング作業を担当、そして寸暇を惜しんで編み物をしたのです。

フィッシャーガールたちは、ニシン漁と一緒にどこへ移動しても、新しいガンジーの模様を集めたり共有したりしていました。それはイギリス中にモチーフが普及したことに大きく貢献したようです。多くの模様は、元々はグラディス・トンプソンやマイケル・ピアソンのような研究者によって発見された町や場所にちなんで名付けられました。しかし、勤勉なフィッシャーガールたちのおかげで、これらのパターンはそういった町や場所に留まらず、当時も現在もなおイギリス中で見られるようになったと考えられています。

a. 1800年代、ウィックは、ニシン漁で栄えた町でした。港は600隻以上の船が停泊できるように拡張されました。
（写真提供：ウィックソサエティ、ジョンストンコレクション）

b. ヘリングガール：ウィックにて。内臓を取り除く作業をする人やパッキングをする人。
（写真提供：ウィックソサエティ、ジョンストンコレクション）

c. 休憩時間になると、ヘリングガールたちは宿泊施設の小屋の外で編み物していました。
（写真提供：ノーマンケネディ）

pattern motifs

第5章　どんな模様を入れるか考えましょう

マイケル・ピアソンやレイ・コンプトンをはじめとする研究者たちは、アンティークセーターや古い写真から無限で豊富な模様の数々を発見しました（186ページの「出典と材料提供」を参照）。『Patterns for Guernseys, Jerseys, and Arans』（1971年）の著者グラディス・トンプソンは、第二次世界大戦の頃から活動を始め、幸運にも数人の編み手たちのインタビューに成功しました。これにより、それまで口頭伝承の一部でしかなかった模様の多くを図で示すことができたのです。

ガンジーのモチーフになっている模様の多くは、シンプルに表目/裏目の組み合わせで構成され、さらにケーブル模様が追加されているものもあります。一般的に、模様は縦の模様で、境界ラインの上から肩まで続きます。しかし、昔のガンジーには横模様や左右に模様を入れた美しい作品もありました。ほかにも、総柄の作品もあり、1つの模様がセーター全体に繰り返し入っていました。

模様のタイプ

ガンジーに関するほとんどの文献では、模様は発祥地ごとにまとめて掲載されています。これは、歴史的な観点ではメリットがあるかもしれませんが、デザインをする人にとってはストレスです。どのモチーフを入れて編もうかと選ぶとき、色々な模様を照らし合わせられるように、すべてを目の前に並べることができると便利だと気づきました。そこで、共通の用途や特徴に基づいて、下記の通りに模様をグループごとにまとめています。

BACKGROUND PATTERNS（背景模様）

小さな模様（シード・ステッチ、モス・ステッチ、ダブルモス・ステッチ）は、ほかの模様の周りや、模様と模様の間、または縦横に入った模様の中に使うことが可能です。シード・ステッチは、表目1目と裏目1目が交互になった1目鹿の子模様です。モス・ステッチは鹿の子編みの1つで、表目1目と裏目1目を2段、交互に編んだ模様です。ダブルモス・ステッチは、表目2目と裏目2目が2段に交互になっている2目鹿の子模様ですが、2目以上の表編みと裏編みの交互の場合もあります。

DIAGONAL PATTERNS（斜め線模様）

昔の多くの作品には、斜め線の模様がよく使われていました。マリッジライン、シェブロン、ジグザグ、ヘリンボーン、そしてシンプルな裏目の斜めラインなどです。これらのモチーフは、脇や中心、どちらの模様としても使われます。また縦方向、横方向どちらでもうまく機能する模様です。

DIAMOND PATTERNS（ダイヤモンド模様）

ひし型は伝統的なガンジーでは人気が高く、モス・ステッチやシード・ステッチ、またはその2つを交互に使うものなどがありました（ミニチュア版ガンジーの中央には、シンプルな輪郭を描いたダイヤ模様を2つ、その2つの模様の間にシード・ステッチのダイヤを入れています）。

PICTURE PATTERNS（絵模様）

アンカー、フラッグ、ツリー、ハート、星、スターフィッシュなどの形はすべて、表目と裏目を組み合わせることができます。伝統的なガンジーには、こういった模様は目立つ位置、たいていセンターに、

伝統的な模様を横方向や縦方向に組み合わせることで、さまざまな模様ができます。
ほとんどは、シンプルに表目/裏目を組み合わせて構成、なかにはケーブル模様が追加されることも。

そして縦に並べて配置されました。

VERTICAL AND HORIZONTAL PATTERNS
（縦と横の模様）

このタイプは、多種多様なシンプルな模様とケーブル模様、そして
あらゆる模様の組み合わせで構成されています。縦の模様は、境
界ラインから肩までの長さに沿って繰り返します。横の模様は、セー
ターの幅全体に繰り返します。

NAMED PATTERNS（名前が付いた模様）

村によっては、考案者や地域にちなんで人気の模様に名前を付け
ていました。マイケル・ピアソンは、場所と模様の使用頻度の関係
を特定することで、多くの模様の出所を特定できることを発見しま
した。例えば、イギリスの町ファイリーの編み手は、袖にベティ・
マーティンと呼ばれる模様をよく使っていました。ハンバー・スター
という名の模様は、19世紀に運河を建設した内陸の水夫が着て
いたガンジーに多く見られました。模様の名前の一部にもなって
いるハンバー川は、イングランド北部の東海岸にある三角州で、
当時建設された多くの運河に流れ込んでいます。

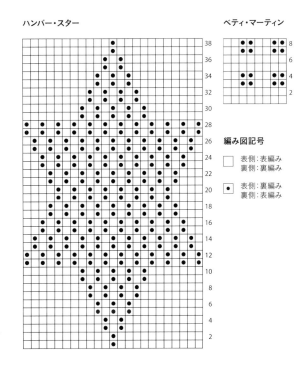

ハンバー・スター

ベティ・マーティン

編み図記号

□ 表側：表編み
　　裏側：裏編み

● 表側：裏編み
　　裏側：表編み

the sampler サンプルを編む

身頃の続きを編む

（30ページ「サンプルを編む」の続き）

下記のチャートは、サンプル（ミニチュア版ガンジー）の身頃の上部分です。センターには3つのダイヤモンド模様が縦に配置され、うち2つはダイヤの輪郭のみのシンプルなもの、真ん中は表目/裏目を交互に入れたダイヤモンド模様です。さらにダイヤモンドの両脇には2目のケーブル模様、そしてさらにその脇にはシンプルな背景模様が配置されています。どれも縦に模様を並べています。

前章までで、ガーターウェルト（1段め～9段め）、プレーン地（10段め～25段め）、そして境界ライン（26段め～30段め）を説明済みのため、ここでは続きから説明します。

では、31段めから始めましょう。輪編みの場合、チャートは同じ段を2回（前身頃1回、後身頃1回）行い、1段編みます。両脇の裏目2目のシームステッチも毎段編みます。

31段め：*裏編み2目、表編み6目、裏編み1目、表編み2目、裏編み1目、表編み9目、裏編み1目、表編み2目、裏編み1目、表編み6目*、*～*をもう一度繰り返す

32段から、増し目をして脇下のマチを作りながら編みます。

「サンプルを編む」の続きは58ページをご覧ください。

身頃のチャート

編み図記号

□ 表側：表編み、裏側：裏編み

● 表側：裏編み、裏側：表編み

MR 右ねじり増し目（ループ右が上）

ML 左ねじり増し目（ループ左が上）

⤢ 左上1目交差

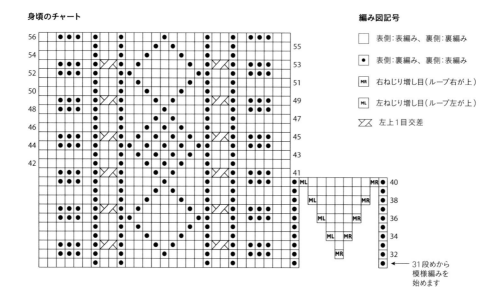

← 31段めから模様編みを始めます

海での遭難にまつわる言い伝え

ガンジー（またアイルランドのアランセーターも）には次のような言い伝えが存在し、根強く言い続けられています。その言い伝えとは、それぞれの模様には漁師の村や家族の紋章を表すなどの意味があり、万一漁船が遭難し、あとで遭難者が海岸に流れついた場合に身元を特定するためにセーターに模様を編み込んだ、といったものです。

これは、下記の理由から真実ではないと考えられています。

1. 潮の満ち引き次第では、遭難した体は何百マイルもの距離を流される可能性もあり、流れ着いた村によっては特定の模様の意味を認識していない可能性があったため。
2. おぞましい話ですが、遭難し溺死した者の多くは、海岸に流れ着くことなく、海の生物の餌食になったため。
3. 昔の編み手たちは「頭に思い浮かんだ」モチーフを編み、それを書き留めていなかったため（当時の多くの人々は、読み方を知らず、自分たちが編んだものを書

面で表現する方法も知りませんでした）。

4. 19世紀の人々は非常に迷信を信じていた傾向がありました。そのため、着る人の死の可能性を関連付けて何かを編むのは考えにくいため。
5. 最後に、編み手が同じ模様を何度も何度も編むことに専心するのは何のため？と考えると…

そのような言い伝えよりも、当時の編み手たちは、今日の人たちと同様に、少しの競争心を持ちながら、クリエイティブに複雑な模様をせっせと編んでいたのではと思うのです。古い写真ではっきりと示しているものがあるように、家族どうしであっても、男性たちは個々に違う模様のガンジーを所有していた可能性もあります。私はこう想像します——どこからきたのか…夜に上陸したのだろうか…その漁師たちのセーターをチェックする編み手たち。さっと一目見て、次に編むガンジーにはその見たことのない新しい模様を取り入れてみよう、そう思いながら模様を心に留めようと熱心に研究する編み手たちの姿を。

アラン vs ガンジー

この2つの独自の伝統ニットの違いについて、その類似性や発祥地の近さなどから、相違点が混同しているところがあります。下記のチャートでは、アランセーターとガンジーセーターの特徴を比較しています。

	アラン	ガンジー
起源	1900年代　アイルランド	1800年代　イングランド、コーンウォール、スコットランド、オランダ
スタイル	プルオーバー、ベスト、カーディガン	ドロップショルダーのプルオーバー
編み方	トップダウン、ボトムアップ、往復編み、輪編み	身頃（下部分）と袖は輪編み / 身頃（上部分）は往復編み
ゲージ	16〜20目 / 10cm	28目以上 / 10cm
糸のタイプ	ウーレン（短い羊毛繊維を重ねて紡ぐ紡毛糸）	ウーステッド（毛の長い繊維を平行にして紡ぐ梳毛糸）
糸の撚り	3本撚り	5本撚り
糸の色	未染色（生成り）	濃い紺色
デザイン	複雑なケーブル模様	表目 / 裏目を組み合わせた模様、シンプルなケーブル模様
特徴	長め丈（リブ）、（時々）サドルショルダー	脇下のマチ、（時々）ショルダーストラップ
目的	観光客向け、貿易用	元祖フィッシャーマンズセーター

design variations デザインのバリエーション

このページから53ページまで、さまざまなデザインができるように個別または複数の模様を一覧で掲載し、それらを組み合わせて使えるようにしています。チャートは、模様がどう機能し、編み地の表側にどのように現れるかを示しています。赤枠で囲った箇所は1模様を意味しています。

背景模様

シード・ステッチ

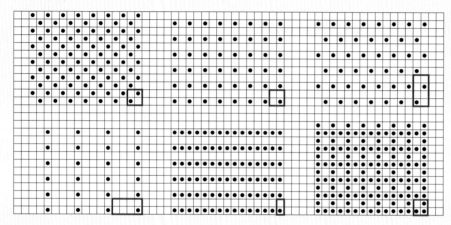

モス・ステッチ

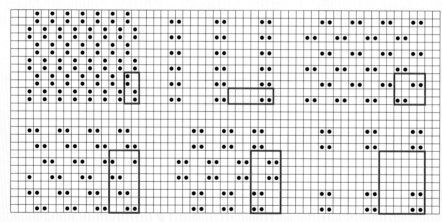

ダブルモス・ステッチ

背景模様

そのほかの背景模様

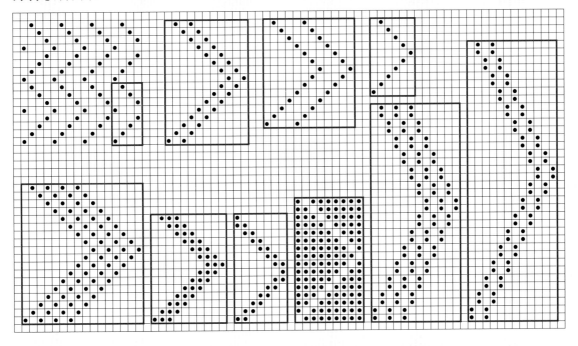

斜め線模様

ジグザグとマリッジライン

斜め線模様

斜めの裏目ライン

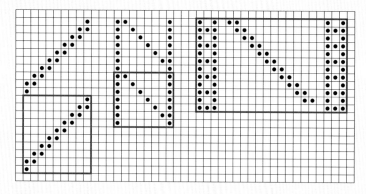

縦のヘリンボーン

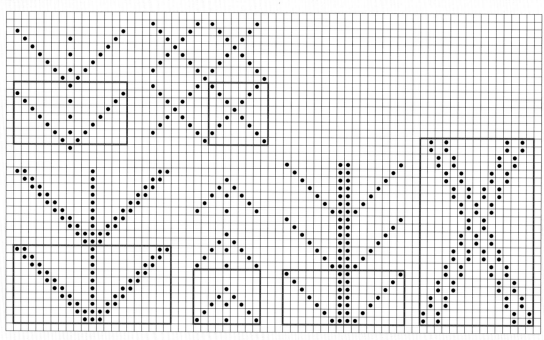

シェブロン（山形模様）

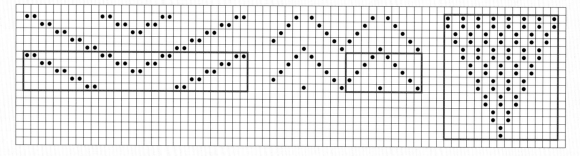

斜め線模様

シェブロン（山形模様）

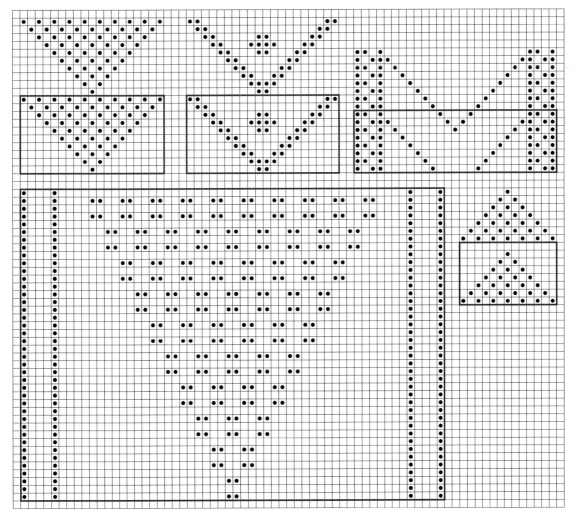

ダイヤモンド模様

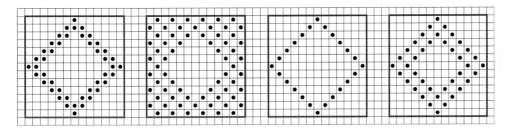

ダイヤモンド模様

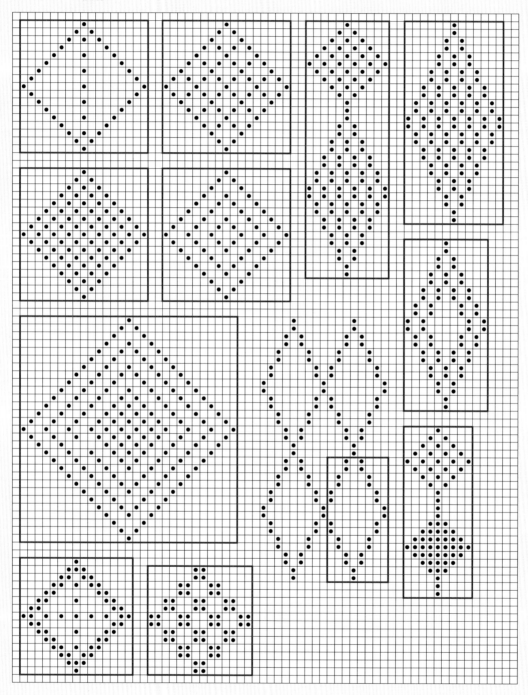

ダイヤモンド模様

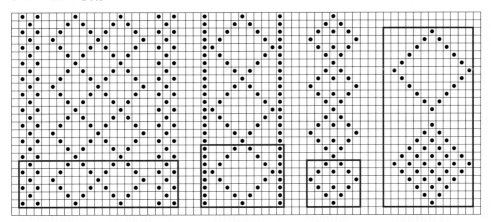

絵模様

ハート

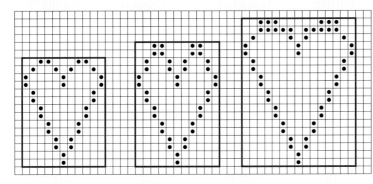

スターフィッシュ

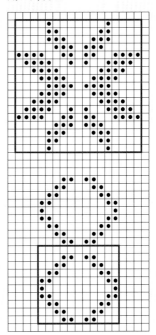

アンカー

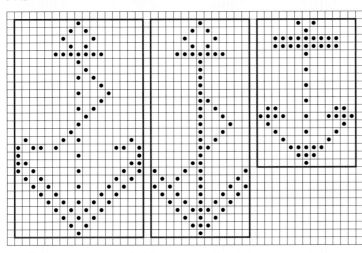

絵模様

フラッグ

ツリー

縦模様

縦模様

縦模様（ケーブル模様付）

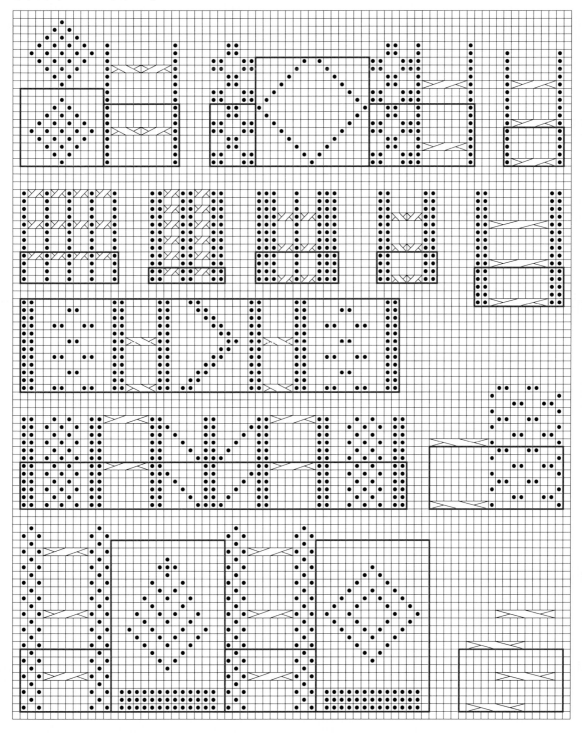

縦模様（ケーブル模様付）

横模様

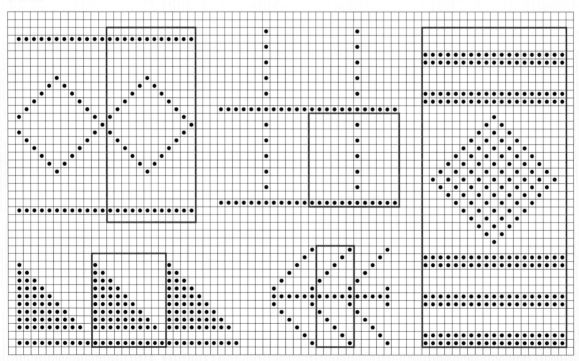

横模様

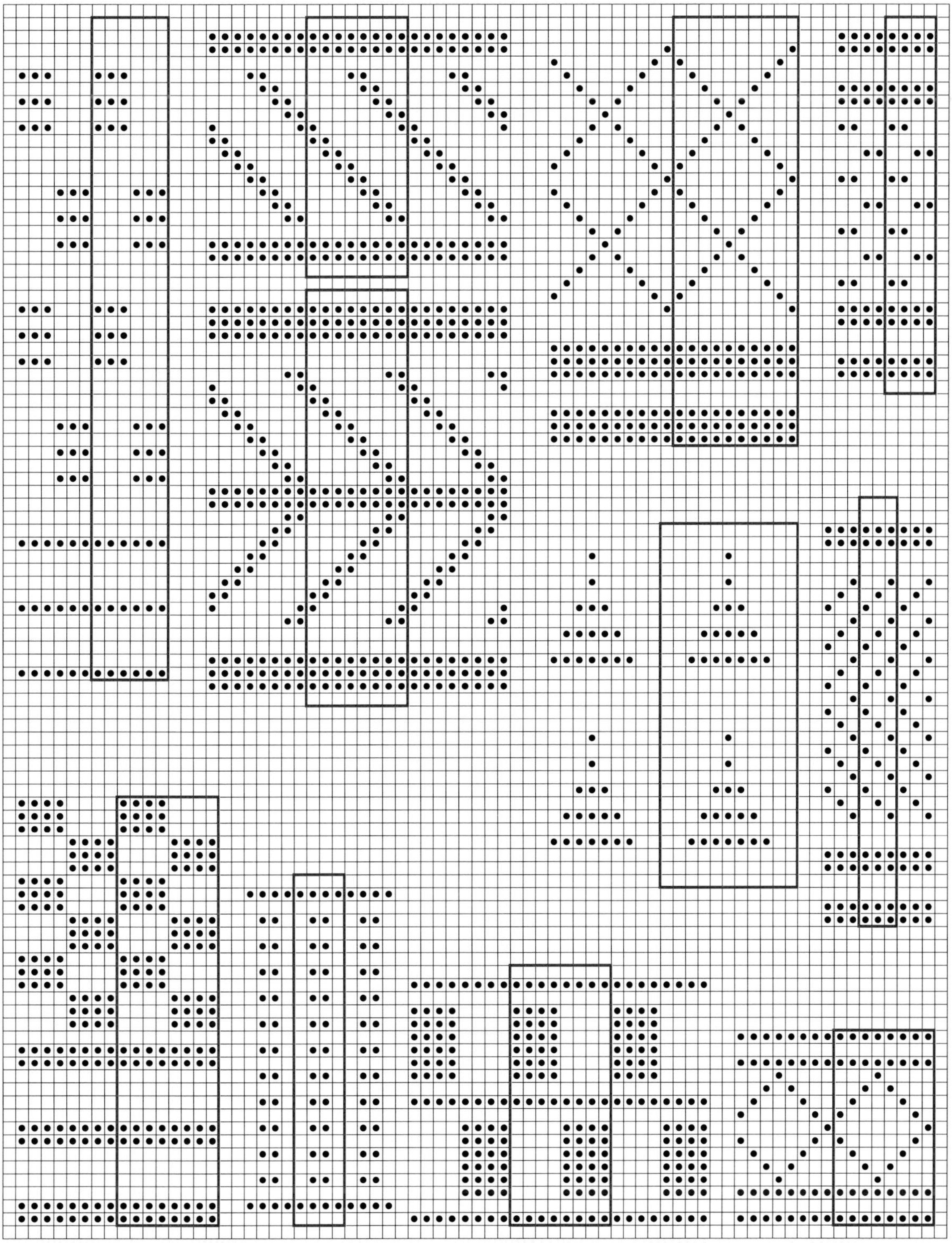

working full-size 実寸大を編む

実寸大を編む前に、模様のレイアウトを考え、チャートを描いて、模様のすべてがバランスよく始まり終わるまでを確認しましょう。こうすることで、編んでいる途中に別の模様にすべきかなど、悩んだり心変わりしたりする可能性は低くなります。

実寸大ガンジーのチャートは、108ページを参照してください。

ゲージをとって、目数を割り出す

実寸大を編み始める前に、まずスワッチ（試し編みの小さい編み地）を編んでゲージをとります。ゆるみを含めた胸囲を基に、目数を割り出す必要があります。106ページの表を参照するか、自分好みのサイズのお気に入りのセーターなどを参考に、希望の胸囲を決めてください。胸囲の値にゲージの目数を掛けます。

例えば、ゲージ（10cm四方）が16目・24段、胸囲が105cmの場合：

1cmあたりの目数は1.6目・2.4段
105cm×1.6目＝合計168目

前身頃と後身頃の幅は同じなので、模様のレイアウトは、身頃全周50%の片側のみを表す必要があります。

168目×0.50＝84目

次に、リブまたはウェルトから上のセーターの丈を決める必要があります。再度106ページを参照、またはお気に入りの服を測り、長さを決めましょう。
［裾から脇下までの値］−［リブの高さ］+［アームホールの高さ］=［肩からの全長（リブを含まない）］

37.5cm−7.5cm+20cm=50cm

上記で割り出した値に段数ゲージ（1cmあたり）を掛けて、身頃の段数を決定します。

50cm×2.4段＝120段

メモ：リブは、身頃を編む号数よりも下のサイズの針で編むことが多く、身頃と同じゲージではないため、この計算には含まれていません。リブの目数は、後で割り出します。

模様を計画する

模様について、まず考えるべきことは、縦の模様を入れるのか、それとも横の模様がいいのか、そしてどんな模様にするかを決めることです（レイアウトについての詳細は、第11章を参照してください）。サンプル（ミニチュア版ガンジー）のように、縦模様を入

れる場合、それぞれの模様の目数は均一すぎないほうが素敵です。横模様は、デザインするのも編むのも、縦模様より簡単です。1段編む際に、縦模様が複数並んでいるとそれぞれの模様のリズムがあるのに対して、横模様の場合は1つの模様を一定のリズムで繰り返すため編みやすいのです。
伝統的なガンジーは、横の模様は同じ高さのものが並び、1模様の繰り返しの数が身頃の目数に対してちょうどよく繰り返されます。

1つまたは複数の背景パターンを選択して、模様どうしの間隔を作ります。縦でも横でも模様は同じものを使っても違っても構いません。

横模様の場合は、すべて模様が上下左右対称になるように配置します。縦の模様の場合は、見た目が堅い印象になりすぎないように、幅の違う模様を配置すると素敵です。

模様をレイアウトするときのポイントですが、実際はボトムアップで編みますが、レイアウトは肩から下の境界ラインの方向へ考えてみることが大切です。こうすることで、それぞれの模様がフルで入るか、身頃にその十分なスペースがあるかを確認できます。肩には模様全体が入るようにする（この位置は人の目の高さなので、非常によく目に入る場所です）ことから始め、模様の繰り返しも境界ラインで模様がちょうど収まるようにします。第4章で説明した通り、プレーン地の高さは、模様の繰り返し数のキリがいいところで終われるように調整可能です。

チャートを作成する

目数を割り出して模様を決めたら、チャートを作成します。チャートは、1目1目編むのに視覚的、かつ実用的です。鉛筆と方眼紙を使って作成することもできますし、編み図作成ソフトもたくさんの種類がありますので、どれかを利用しパソコンで作成することもできます。ソフトには習得までに大変なものもありますが、割と感覚で操作しながら作成できるようなものもでており、大変重宝します。無料トライアル付きソフトも多いので、購入する前に試してみるのもいいでしょう。186ページの「出典と材料提供」のチャート作成プログラムを参照してください。

メモ：一般的な方眼紙を使う場合、編み地と比較するとチャートは引き伸びたように見え、編み地は若干縮んで見えることに注意してください。編み物用方眼紙を使用すると、見た目もより正確になります。これは、編み物用方眼紙が実際の編み目に相応し、横が縦よりも広い四角形になっているためです。編み物用方眼紙については、数多くのオンラインリソースがあります。前身頃全体をチャートにするには、方眼紙をテープで貼り付けて大きな方眼

紙にしなくてはならない場合があります。

方眼紙でチャートを作成するには、1つの方眼を1目と数え、身頃の目数の外枠を鉛筆で引き、右側にはあとでマチを入れるスペースを残しておきます。高さも外枠で引き、下部分にはガーターウェルトまたはリブを入れるスペースを残しておきます。

縦横の値を方眼紙面上で枠を引いたら、1目1目を表す身頃の四角形ができますので、ガンジーの模様を枠内にデザインできます。

縦に模様を入れる場合、はじめにメインの模様を身頃の中心に、ネックラインから模様を入れたい位置まで配置します。模様を入れる際は、模様全体が入るようにしましょう（例えば、ダイヤモンド模様が端部分で3分の1だけ中途半端に入っているのではなく、全体を入れる、といった具合）。次に、メインの模様の両側に入れる模様を描きます。境界ライン（通常は高さ2.5cm程度）と、必要に応じてイニシャルを含むプレーン地を追加します。

ケーブル模様も入れたい場合は、ケーブル模様の土台（編み始めの段）で増し目、ケーブル模様の終わりに減目するなどして、編み地の広がりを考慮しましょう。シームステッチは、アームホールが始まるところまで描きます。身頃とマチの間、そしてシームステッチ間の方眼の数については、マチの幅によりさまざまです（第6章を参照）。

作成したチャートは重要な情報源となります。きちんと記録している限り、編むのを中断しても、数か月後経ってからまた編もうというときに、どこから編めばいいのかを知ることができます。私は、チャートの表側に、ゲージ、毛糸、針のサイズを書き込んでおきます。裏側には、作り目の方法、リブについて、シームステッチ、境界ラインのスタイル、ネックラインの形、肩のはぎ方、首のマチについてなど、このセーターの特徴を箇条書きにしておきます。また、裏側には割り出しの計算式もつけておき、どの数値がセーターのどの部分かをはっきり分かるように記しておきます。

ケーブル模様を編んだときの編み地の広がり

ケーブル模様を編む場合、その結果として編み地に与える影響について考えることは大変重要です。これは、編み目が交差することで、ケーブル模様の周りの編み地の端が見苦しく密集したり、湾曲したりするためです。ケーブル模様の土台部分（編み始めの段）で増し目をすることによって、必要な箇所に目を増やして補い、歪みを防ぐことに役立ちます。同様に、ケーブル模様が終わったら、増し目と同じ目数を減目して、肩をはぐ前に編み地を元の目数に戻すことも必要です。

多くのデザインは、このケーブル模様の歪みに対応するように書かれていませんが、どれも調整可能です。該当のケーブル模様のスワッチを使い、ケーブル模様の幅を測り、10cmのゲージに換算します。ケーブル模様とメリヤスゲージの差が生じている場合、この差こそがケーブルの広がりを相殺するために必要な目数です。

例えば、メリヤス編み地のスワッチからゲージをとると、16目/10cmです。ケーブルのスワッチを見ると、ケーブル模様の24目/10cmです。したがって、メリヤスゲージとケーブルゲージの差は10cmあたり8目ということになります。身頃下部分のチャート（ケーブルが始まる前）は、希望する値に基づいて実際に必要な目数を反映させていました。この差異が生じた8目は、ケーブル模様の土台で増し目、模様の編み終わりで減目します。

裾を見ると明らかに広がって湾曲しています。これは、ケーブル模様に必要な目数の合計を作り目しているためです。まっすぐな編み地にするには目数が多すぎた結果です。ケーブルの端で3目減目されたので、上端はまっすぐきれいです。

歪んだ編み地（左）と問題を解決した編み地（右）

the underarm gusset

第6章　脇下のマチ

ミトンや5本指手袋を編んだことがある方なら、おそらくマチ（ガセット）を編んだ経験があるのではないでしょうか。マチとは、かかとや親指の付け根など、体の曲がった部分や突き出た部分がフィットするように余分に編む編み地です。ガンジーの場合は、ひし形のマチが特徴で、脇下にゆるみを入れます。ひし型のマチの下半分は、脇下に身頃のマチとして輪に編むため、ミトンの親指のマチと似ています。マチは、シームステッチ2目の間の横に渡る糸をすくってねじり増し目から始めます。それ以降は、マチの幅になるまで数段ごとにシームステッチの間、両端で増し目（2目）しながら編み進めます。

2目の増し目は、ひし型のマチを作るために左右で左ねじり増し目、右ねじり増し目をしてラインを作ります。「ねじり増し目をする」（57ページ）の通り、ひし型の外郭になるように、右ねじり増し目、左ねじり増し目を組み合わせると、マチがすっきりとした仕上がりになります。

下半分の身頃のマチがすべて編めたら、マチの目をステッチホルダーに移して休めます。ここから、前身頃と後身頃を別々に往復編みで肩まで編みます。肩はぎ後、袖とマチの目を拾います。袖を輪に編みながら、マチの上半分をシームステッチ2目になるように減目しながら編みます。

伝統的には、マチは表目の編み地でしたが、裏目にすると身頃に引っ込んだような見た目になり、目立たなくなります。

ガンジーの最も大きな特徴である、ひし形のマチ。ガーター編みのシームステッチ2目の間から、ひし型を作り、その周りをシームステッチ1目で囲っています。

the make 1 increase　ねじり増し目をする

色々な増し目の方法を試した結果、個人的にねじり増し目で増やす方法がいちばん好きです。脇下のマチを編む際には、
右ねじり増し目（M1R）と左ねじり増し目（M1L）を組み合わせてひし型のラインを作ると、マチをすっきりと見せることができます。

左ねじり増し目（ループ左が上）

ねじったループの左側が上になる「左ねじり増し目」（M1L）：
1. 増し目をしたい箇所の手前まで編んだら、左針先を使って
2目の間の横に渡る糸を手前からすくいあげて左針にループを
作ります（写真1）。*2.* ループの向こう側に右針を入れて表編み
します（写真2）。ループ左が上の増し目ができました（写真3）。

右ねじり増し目（ループ右が上）

ねじったループの右側が上になる「右ねじり増し目」（M1R）：
1. 増し目をしたい箇所の手前まで編んだら、左針先を使って
2目の間の横に渡る糸を向こう側からすくいあげて左針にルー
プを作ります（写真1）。*2.* ループの手前に右針を入れて表編み
します（写真2）。ループ右が上の増し目ができました（写真3）。

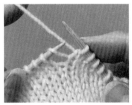

写真1

写真2

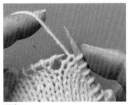

写真1

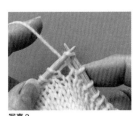

写真2

写真3

写真3

the sampler サンプルを編む

マチを編む

(40ページ「サンプルを編む」の続き)

32段め:*裏編み1目、右ねじり増し目、裏編み1目、表編み2目、裏編み3目、表編み1目、裏編み1目、表編み2目、裏編み1目、表編み4目、裏編み1目、表編み4目、裏編み1目、表編み2目、裏編み1目、表編み1目、裏編み3目、表編み2目*、*〜*を繰り返す

33段め:*裏編み1目、表編み1目、裏編み1目、表編み2目、裏編み3目、表編み1目、裏編み1目、左上1目交差（左針の1目めをなわ編み針に移して編み地の向こう側にして休め、2目めを表編み、なわ編み針の目を左針に戻して表編み）、裏編み1目、表編み3目、裏編み1目、表編み1目、裏編み1目、表編み3目、裏編み1目、左上1目交差、裏編み1目、表編み1目、裏編み3目、表編み2目*、*〜*を繰り返す

34段め:*裏編み1目、右ねじり増し目、表編み1目、左ねじり増し目、裏編み1目、チャートにしたがって29目編む*、*〜*を繰り返す

35段め:チャートの指示にしたがって編む

左右脇下のマチは、それぞれ両側で1段おきに増し目をさらに3回行います →マチは9目になります。

糸を切ります。 シームステッチ（裏目2目）とマチ9目をステッチホルダーに移します。続けて後身頃を別のホルダーに移します。もう一方のマチ9目とシームステッチ2目をさらに別のホルダーに移します。

「サンプルを編む」の続きは68ページをご覧ください。

身頃のチャートの一部（32段め〜40段め）

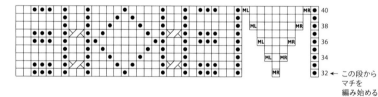

編み図記号

□	表側:表編み／裏側:裏編み
●	表側:裏編み／裏側:表編み
MR	右ねじり増し目
ML	左ねじり増し目
◤◥	左上1目交差

マチは、シームステッチ（裏編み2目）の間からねじり増し目（ここは、左ねじり/右ねじりどちらでも可）からスタートします。この最初の増し目の後、マチが指定幅になるまで（サンプルでは9目）、シームステッチの間で、数段ごとに両端で増し目（2目）をします。

マチの下半分を希望する幅まで編んだら、マチ分の目（シームステッチ2目も含む）をステッチホルダーに移して目を休めます。袖を編む際に上部分のマチを編みます。

cabling without a cable needle
なわ編み針を使わずにケーブル模様を編む

サンプル（ミニチュア版ガンジー）の模様編み部分には、前身頃と後身頃それぞれ2目のケーブル模様（左上1目交差）があり、これは後でショルダーストラップにも繰り返されます（第8章参照）。下記の3つの方法のいずれかで、なわ編み針を使わずにケーブル模様を簡単に編むことが可能です。それぞれの方法は、針の動作がわずかに違い、見た目にも違いがでます。

写真左から右へ：トゥルー・ケーブル、
モック・ケーブル、バーバラ・ウォーカーのベビー・ケーブル

トゥルー・ケーブル

少し手間ですが、この方法を行うと、なわ編み針を使ったものとまったく同じ見た目のきれいなケーブル模様ができます。

1. 左針の2目めを編み地の手前で表編みし（モック・ケーブルのように針を向こう側まで入れずに、編み地の手前で編むのがポイント）（写真1）、*2.* 続けて1目めを表編みして（写真2）、*3.* 編んだ2目を一緒に左針から外します（写真3）。

写真1　　写真2　　写真3

モック・ケーブル

この方法は、糸の移動と使用量が多くなり、編み目はやや大きくなります。

1. 左針の2目めに右針を向こう側まで入れ、表編みします。（写真1）*2.* 続けて1目めを表編み（写真2）、*3.* 編んだ2目を一緒に左針からはずします（写真3）。

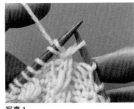
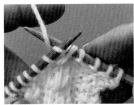
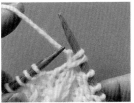

写真1　　写真2　　写真3

ベビー・ケーブル

この方法は、バーバラ・ウォーカー著『A Treasury of Knitting Patterns』（1998年）に掲載されており、最も簡単な方法で、なおかつ見た目もきれいです。一部のケーブル模様と違い、ケーブル模様を編むときに目を引っ張ることもなく、ケーブル以外の編み目と同じ形状になり、サイズも均一になります。

1. 左針の2目を左上2目一度で編みますが、左針からはずさないでおきます（写真1）。*2.* そのまま、もう一度1目めを表編みします（写真2）。*3.* 2目を左針からはずします（写真3）。

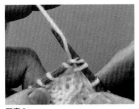
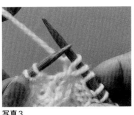

写真1　　写真2　　写真3

design variations デザインのバリエーション

脇下のマチには、ガンジーに独自のタッチを加えることができる、多くの選択肢があります。マチのエッジを作るため、さまざまな増し目のバリエーションがあり、それによって見た目にもさまざまな効果を生み出します。ほかよりも際立つ見た目になるものもあり、増し目を使って右や左に方向を傾けることができます。

また、増し目/減目のバリエーションとして、マチの形を作る増し目

や減目の位置は、マチの中央で行うこともできますし、端の1目で行うことも可能です。マチの下半分を端の1目で増し目する場合、周りの編み地と比較すると増し目をした箇所が目立つため、片側に1目の輪郭がはっきりとでます（これと同じように輪郭がでる効果は、マチの上半分の減目をした箇所でも自然にそうなります。減目の向きの性質上、減目する場所を変えずに同じところで減目を行います）。

マチとシームステッチのバリエーション

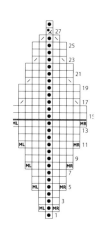

1目のシームステッチ

裏目1目のシームステッチを中央に配置したマチ。シームステッチがマチのエッジにならない場合は、写真の通りマチはあまり目立たなくなります。

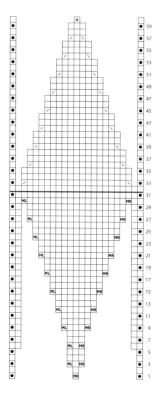

2目のシームステッチ

2目のシームステッチは、マチの編み始めで二手に分かれます。シームステッチはマチのエッジに沿ってラインを形成し、この2目のラインはマチの編み終わりで再び合流します。このタイプのシームステッチは、2目ゴム編みのリブからつながり、マチを中央に配置して中心を通り袖口まで続けて、最初から最後まで途切れることなく継続するのも効果的です。

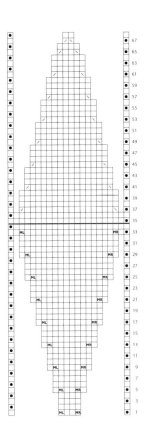

4目のシームステッチ

4目のシームステッチが、マチを囲うように2目のシームステッチに分かれます。2目のうち、左右端それぞれの目はマチの端として、一方、中側にある2目のシームステッチはマチの一部になります。

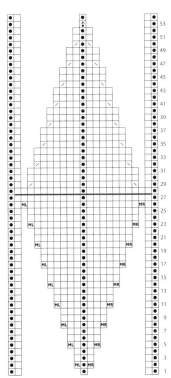

5目のシームステッチ

5目のシームステッチの場合、マチの周りと中央に配置することができます。中央のシームステッチは、マチの編み始めの1目めとして、そして2目のシームステッチは二手に分かれ、マチのエッジに沿った形になります。

編み図記号

☐ 表目

● 裏目

MR 右ねじり増し目

ML 左ねじり増し目

⬆ 裏目の中上3目一度

╱ 左上2目一度

╲ 右上2目一度

✹ 裏目の左上3目一度

⋀ 中上3目一度

— マチの分割線（下半分は身頃のマチ、上半分は袖のマチ）

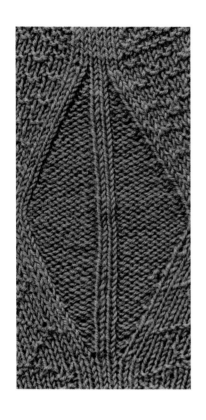

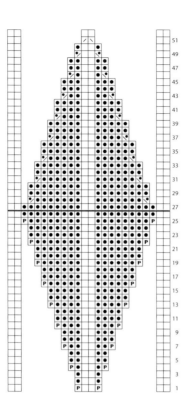

6目のシームステッチ

表目6目のシームステッチは、裏編みしたマチの両端2目がエッジに沿い、残りの2目はマチの中央に配置されています。

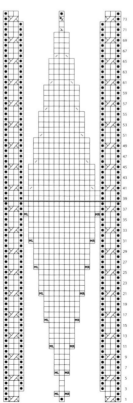

7目のシームステッチ

7目のシームステッチには、2つのベビー・ケーブルが含まれます。2つのケーブル模様は二手に分かれてマチの周りを囲み、再び合流して袖から袖口へ移動し、袖口のケーブル模様へとつながります。上半分のマチは、端の目を減目することで自然な輪郭になります。

マチの形のバリエーション

マチを作る際に増し目/減目の位置を変えてみるバリエーションもまた1つ、際立つ見た目の効果が期待できる方法をご紹介します。

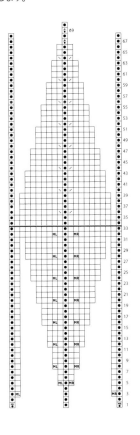

マチの中央で増し目/減目をする

マチを編む際に、増し目や減目をマチの中心で行うことで、より丸みを帯びたエッジに仕上がります。このマチは、中心にある1目のシームステッチの左右で増し目/減目をして形を作ります。このタイプは、写真のようにシームステッチをマチの中心に配置することもできますし、またマチの周りを囲むこともできます。

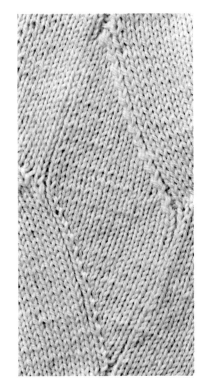

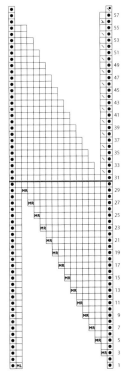

下部分では片側でのみ増し目をした後、上部分では同じ側で減目をする

増し目をした後、同じ側で減目をしてマチを作ります。この珍しいタイプのマチは、下半分で左上にのみ1目ずつ増し目し、上半分では同じ側で右上2目一度だけを1目ずつ行います。

編み図記号

☐	表目	P	裏目のねじり増し目
●	裏目	●	裏目の左上2目一度
MR	右ねじり増し目	●	裏目の右上2目一度
ML	左ねじり増し目	●	裏目の左上3目一度
●	裏目の右ねじり増し目	↘	右上3目一度
●	裏目の左ねじり増し目	∧	中上3目一度
╱	左上2目一度	●	裏目の中上3目一度
╲	右上2目一度	⨉	左上1目交差

── マチの分割線（下半分は身頃のマチ、上半分は袖のマチ）

working full-size
実寸大を編む

実寸大を編む際、はじめに決めるべきはマチの高さです。大人サイズの場合は、マチの高さは最大20.5cm、幅は7.5〜10cm程度が一般的です。子供サイズは、高さ7.5〜10cm、幅3.8〜5cm程度まで小さくする必要があります。脇下にマチを作る場合は、アームホールはさほど高くする必要はありませんが、大きいサイズの場合、マチ分がかえって過剰になってしまうこともあります。

ひし型のマチの半分は身頃のマチ、もう半分は袖のマチとして編むため、マチの全長を半分に分割し、アームホール下から逆算して、マチを編み始める位置を決定しなくてはなりません。

マチの編み始めは、ねじり増し目1目から始まり、希望のマチ幅の目数ができるまで、両端で増し目をします。増し目の頻度(つまり、何段ごとに増し目をするか)を決定するには、次の式を使用します。

例では、マチの高さ15cm、幅は7.5cmとします。
ゲージは、16目24段(10cm)。したがって、1cmあたりの目数は、1.6目2.4段。

段数ゲージ(1cmあたり)×マチの高さ÷2=Y

作品例:*2.4段/cm×15cm÷2= 下半分のマチは18段*

次に、マチを作るために2目(左右の端)増し目を何回するかを決定します。

目数ゲージ(1cmあたり)×マチの幅÷2=Z

作品例:*1.6目/cm×7.5cm÷2=*
マチを作る増し目の回数は6回です。

マチの編み始めの増し目(減目)1目から何段編むか=Y÷Z
作品例:*18段÷6回=3段ごとに増し目*

メモ:合計が端数の場合は、小数点以下を切り上げます。

例では、マチの編み始めの1目増し目(または減目)する段を含め3段編んだら、次の増し目をします。3段のうち、1段めを増し目の段としてカウントし、2段め、3段めを増減なく平らに編む、といった具合に続けて増し目をします。

(112ページのチャートでは、全体のバランスをとるためにマチの下半分は19段にして、シームステッチを作るためにあともう1回2目増し目する回数を追加しました。デザインをする際は、実際のセーターのデザインやバランスを考慮しながら、算出した数値を微調整する必要があります。)

the upper body and neckline

第7章　身頃上部分とネックライン

マチの下半分を編み終えて、模様編みも順調。次はアームホールを編みます。アームホールを作りながら身頃の上部分を編み終えたら、ネックラインを作ります。

この時点まで、身頃は輪に編んでいました。これ以降は、前身頃と後身頃に分けて、それぞれを往復編みしてアームホールを作ります。模様はこれまでと同様に編み進めますが、往復編みの場合、チャートの読み方がこれまでと異なります。

チャートを読む：往復編みの場合

チャートは、編み地の表側を示しています。そのため、輪編みの場合、チャートは右から左へと読み進め、編み地の表側が常に自分の方に向いています。しかし、往復編みの場合、編み地の表側と裏側を交互に見て編むため、1段おきに編み地の裏側が自分の方に向くことになります。したがって、裏側を見て編む段は、チャートを左から右に読みます。わかりやすく言えば、裏側を見て編んでいるときに実際の編み地がどう見えるかを考えてみてください。表側を基軸にすると、裏側にすると左から右に編んでいることになりますね。

私の場合、チャートの各段に小さな矢印を書き、今何段めを編んでいるのか、編む方向はどちらなのかを確認しながら編みます。サンプル（ミニチュア版ガンジー）のチャートの段数を表す数字がとても分かりやすいですが、チャート右の数字は表側を見て編む段（右→左）、チャート左側の数字は裏側を見て編む段（左→右）を示しています。

さらに、裏側を見て編む場合、編み図記号の意味が変わる記号があることに注意しなくてはなりません。通常、編み図記号欄にて説明していますが、説明がない場合、裏側を見て編む際は、表目の場合は裏編み、裏目の場合は表編みをすることになりますので注意してください。

往復編みを始める前に、ケーブル模様の編みの流れを確認することも大切です。編み目を交差するのは表側を見て編む段で行うのが最善です。ただし、交差を裏側で行う場合でも慌てる必要はありません。表側の場合と同じように目を交差して簡単なケーブル模様なら裏側でもできますが、必ず交差して裏編みをしてください。うまくいかない場合は、一旦表側の段を編み終えたところで糸を切り、編み地を右側にスライドして、糸をつけて、もう一度表側から編んで交差するといいでしょう。

ネックライン

ネックラインは、セーターの前身頃の首周りの中央に丸くカーブ線を描いて開いている箇所で、さまざまなスタイルで作ることができます。現代のセーターで最も一般的なネックラインでもあるので、おそらく多くの人がこのネックラインのスタイルに慣れ親しんでいるかと思います。

ネックラインを作るには、前身頃中央の指定目数をステッチホルダーに移して休み目、あるいは伏せ止めします。伏せ止めをするとネックラインの形を維持することができ、ステッチホルダーに休めた場合は、最終的にこの目を編んだときに襟の伸縮性の点でメリットがあります。子供用のガンジーはどちらの方法でも形を保てますが、大人用においては、サイズが大きい分重くなるため、ネックラインを伏せ止めにするメリットがあります。

次に、中央の休み目（伏せ止め）した目の両側を1段おきに減目（肩を編みながら）して、なだらかにカーブしたネックラインを作ります。70～71ページでは、バランスよいネックラインのカーブ線を作るための割り出しの計算式を確認できますが、これはネックラインを作る唯一の方法ということではありません。見た感じでやってみてうまくいくこともあります。

伝統的なガンジーの多くは、ネックラインの形を作っています。しかし、さらに古い作品を見ると、本書のサンプルと同様にネックラインの形を作っていない作品もあります。形を作らないスタイルのよい点の1つは、模様編みをしながら減目する必要がないという点です。減目があると、模様の流れを妨げる可能性があります。ネックラインで減目をしない場合、前身頃と後身頃は単純な長方

形になります。肩をはぐと、ボートネックになりますが、着心地が最高というものではありません。

ガンジーの編み手たちは、着心地問題の解消にあたり、素晴らしい独創的な発想を持っていました。ショルダーストラップ、ショルダーエクステンション、首のマチなどを駆使することで、形のないネックラインのフィット感や見た目を改善できたのです（第8章、第10章参照）。サンプル（ミニチュア版ガンジー）では、通常アランセーターでサドルショルダーとして知られているショルダーストラップ（前身頃と後身頃の間に、肩をつなげるためにストラップ状に編む編み地）を作ります。これは、前身頃と後身頃の肩の間にブリッジのように編み地を作り前後をつなげます。

the sampler サンプルを編む

身頃の上部分とネックラインを編む

(58ページ「サンプルを編む」の続き)

サンプル（ミニチュア版ガンジー）では前章から続き、この
時点で前身頃と後身頃、それぞれ29目あることを確認し
ましょう。編み地の表側を手前に向け、前身頃の右側に
糸をつけ、チャートにしたがって41段めから往復編みを
始めます。各自お好きなように、8号（4.5mm）棒針に替
えてもいいですし、そのまま輪針で続けることもできます。
前身頃が完成したら、糸を切り、ステッチホルダーに移し
ます。

次に、後身頃の目を針に戻します。後身頃の右側に糸を
つけ、チャートにしたがって往復編みをします。後身頃が
完成したら、ステッチホルダーに移し、糸を切ります。

「サンプルを編む」の続きは75ページをご覧ください。

身頃のチャートの一部（41段め〜56段め）

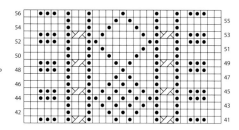

編み図記号

☐ 表側：表編み、裏側：裏編み　　● 表側：裏編み、裏側：表編み

✕ 左上1目交差

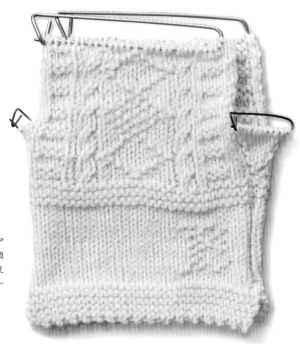

サンプルのミニチュア
版ガンジー。前身頃
と後身頃を編み終え
て、編み目をホルダー
に移したところ。

下から：ネックラインの形を作らずショルダーストラップとマチを作ったもの、
カーブ線を作ったもの、ネックラインの形を作らずショルダーエクステンションを作ったもの、
ネックラインの形を作らず三角形のマチを作ったもの。

design variations デザインのバリエーション

ネックラインを深くする方法の1つは、後身頃を数段多く編むこと
です。こうするとショルダーストラップを編んだ際に、ストラップが
少し前方にくるので、デザインがより際立ちます。これを行う場合
は、前もって前身頃と後身頃をチャートにして、後身頃の模様の
繰り返しが長く、編み過ぎてネックラインが深くなりすぎないよう
に確認します（ネックラインの深さは、次ページの「実寸大を編む」
を参照してください）。この方法以外にも、先に後身頃を編み、
最後の模様の長さを測って、これを前身頃で省略した場合を想定
しネックラインの深さを決めることもできます。状況に応じて調整し
てください。

working full-size 実寸大を編む

ネックラインのカーブ線を作らない場合

カーブ線を作らずにネックラインに形を作るには、前身頃と後身頃それぞれの幅を3分の1に分割します。左右肩がそれぞれ3分の1、ネックラインのボトムに3分の1の配分です。ネックラインの形を作るために減目などは行いません。それによって、ケーブル模様を前身頃のどこにでも入れることができ、さまざまな模様や編み方に対応しやすくなります。ただし、サイズ12までの子供サイズの場合、子供の頭は大人よりも比率的大きいことを考慮する必要があります。したがって、子供サイズでは、身頃幅を4分割して、左右の肩がそれぞれ4分の1と、ネックラインのボトムには半分の目の割合で配

分するといいでしょう。

カーブ線のないネックラインは非常に簡単です。通常は、前身頃と後身頃ともに脇下の深さを編む（セーターの全長）だけです。前身頃と後身頃の間にショルダーストラップを入れる場合は、その幅を加味して決定する必要があります（一般的に、ショルダーストラップの幅は、身頃の目数の5〜10パーセント程度）。ショルダーストラップの幅を半分に割ります。セーターの着丈（作り目から肩まで）からこの分を引いた数を算出し、前身頃も後身頃も算出した数の丈を編みます。ショルダーストラップを編むと、希望の着丈になります。

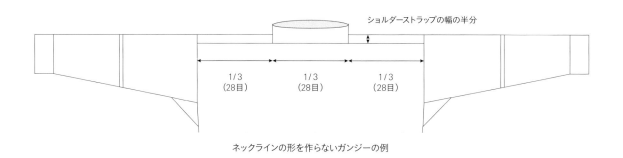

ネックラインの形を作らないガンジーの例

ネックラインのカーブ線を作る場合

大人サイズの場合、ネックラインの深さは約5〜7.5cm程度が必要です。つまり、実際の全長よりも5〜7.5cm手前でネックラインの減目を開始します。子供サイズの場合、ガンジーの完成の丈より2.5〜5cm手前で始めます。カーブ線の減目をする場所にケーブル模様を配置しないようにします。

ネックラインには、身頃の目数の20%が必要です。

*作品例:*身頃目数＝168目
首周りに必要な目数＝168×0.20＝33.6目

端数は、小数点以下を切り下げて、首周りの目数を33目とします（34に切り上げて、後で1目の調整を行うこともできます）。

続いて、左右の肩の目数を決定します。前後の身頃は、身頃総数の50%です（84目）。ただし、元々は身頃の目数の一部だったシー

ムステッチは、マチ分としてステッチホルダーにあるため、83目です。ネックライン以外の前身頃の目は肩ということになります。その数を2で割って、左右それぞれの肩の目数を割り出します（これはおおよその数です）。

$$[トータルの身頃目数 \times 0.50] - [トータルの身頃目数 \times 0.20] \div 2 = 左右それぞれの肩の目数$$

作品例:［83目−33目］÷2＝25目

ネックラインの減目を始める段では、身頃の目数全体の15%が減目され、針に5%が残る配分にします。つまり、トータルの減目する目数を片側の肩に半分、反対側に半分、といった具合です。

$$[身頃目数 \times 0.20] - [身頃目数 \times 0.15] = 首周りのカーブ線を作るために必要な減目数$$

*作品例:*33目−25目＝8目

この例では、ネックラインで計8目、つまりネックラインのボトムの両側で4目ずつ等間隔に減目します（ネックラインのカーブの傾きを変えるには、ネックラインのボトムの目数を減らし、両側で減目する目数を増やす、またはその逆を行います。または、減目数は変えずにネックラインをもう少し早く始めることもできます。これによって、何段ごとに減目するかのインターバルが変わり、ネックラインもさらに深く仕上がります）。

ネックラインの両側で、それぞれ1段おきに1目減目します。すべての減目ができたら、前身頃が後身頃と同じ高さ（段数）になるまで、左右の肩を編みます。編み終えたら、ステッチホルダーに目を移します。

ネックラインのカーブ線を割り出しする別の方法として、（前述の通り）肩の目数を決めて、ネックラインの両側で2.5cm程度の目数分を、一度に片側1目ずつ、1段おきに減目することです。ネックラインの減目を始める段では、左右の肩の目数に加え、ネックラインの減目をする目数（左右分）を引いて残った数を伏せ止めします。すべての減目が終わったら、両肩が後身頃と同じ段数になるまで編み、ステッチホルダーに移します。

チャートの例は、31ページを参照してください。

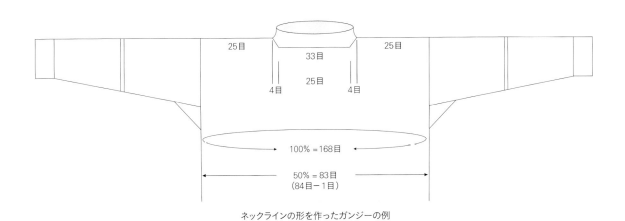

ネックラインの形を作ったガンジーの例

（パーセンテージは、すべて身頃の目数に基づいたものです。この例では身頃目数は168目）

shoulder straps and joins

第8章　ショルダーストラップと肩のはぎ

ガンジーのスタイルの1つとして、前身頃と後身頃の間にショルダーストラップ（肩をつなげるためにストラップ状に編む編み地）を入れる方法があります。

前身頃と後身頃を編み終えて、それぞれの目をステッチホルダーに休めたら、次は前後の肩をつなげます。肩をつなぐためにどの方法を使うかについては、ネックラインの形を作っているかいないかによって異なります。

ネックラインの形を作る場合は、スリーニードル・バインドオフ（79ページ）、またはシンプルにメリヤスはぎを行います。ネックラインは左右で減目してゆるやかなカーブ線を作るので、それ以外は目数を調整せずにリブを編みます。

ネックラインの形を作らない場合、襟の深さと輪郭を作るため、ショルダーストラップを付けたり、マチを編む場合が多くあります。ショルダーストラップは、肩を延長して（身頃の編み方向に沿って）縦に、または（編み地に対して垂直方向に）横に（76ページ）どちらでも作ることができます。肩を延長したら、メリヤスはぎ、またはスリーニードル・バインドオフのいずれかでつなぎ合わせることができます。サンプル（ミニチュア版ガンジー）では、身頃に対して垂直に作るショルダーストラップを入れており、その両端で前後の肩をつなげる方法を解説します。こうすることで、ショルダーストラップを編みながら、同時に前後の身頃の肩をつなぎ合わせることができます。

垂直に作るショルダーストラップとつなぎ合わせ

『Knitting in the Old Way』（1985年）で、プリシラ・ギブソン・ロ

パーツはperpendicular shoulder join（パーペンディキュラー・ショルダー・ジョイン）という造語で、身頃の編み地に対して垂直にショルダーストラップを作りながら両端で前後の肩をつなぎ合わせる手順について記述しました。この基になっているのは、ショートロウ（引き返し編み）であり、余分に編み地を作りたい箇所に行います。各段の編み終わりで減目する方法は、靴下のかかとの編み方と似ています。

ショルダーストラップの作り目は、ネックラインの一部になり、そして前身頃と後身頃の肩の間に余分に作られる幅として機能します（74ページ）。ショルダーストラップは、アームホールの位置まで編まれ、袖を編む際はストラップの端からも目を拾います。

ショルダーストラップを編むときに、満足のいく仕上がりになるためには、2つの点に注意が必要です。それはつなぎと減目です。ショルダーストラップの両端をバランスのよい見た目にするために、毎段の編み始めの1目めをすべり目にします。すべり目をせず毎段編むと、端の目が小さくなり、つなぎ合わせたときに窮屈な見た目になります。表側を見て編むときは、1目めは糸を向こう側にして裏編みをするように針を入れてすべり目にします。裏側を見て編むときは、糸を手前にして裏編みをするように針を入れましょう。すべり目の後は、糸を引っ張って、編み目を調整し、きつめに締めます。すべり目をした目は大きくなる傾向があるので、ここで締めておいて、大きくなりすぎないようにコントロールします。

考慮すべき2点めは減目です。裏側を見て編む際は、ショルダーストラップの編み終わりの目と肩の目を裏目の2目一度にします。表側の場合は右上2目一度します。

垂直にショルダーストラップを編みながら、両端で前後の身頃をつ

なぐ場合、2段ごとに肩の目を2目一度に編みますので、ショルダーストラップの両端の目は、肩の編み目よりも少し長くなり、余分に緩んだ箇所が若干パフのように膨らんでしまう可能性があります。ただ、表目の形は高さよりも幅が広いため、肩の目がいくらか補正して、肩線にカーブを作り、パフを最小限に抑えてくれます。それでも気になる場合は、ブロッキングで整えるか、身頃を編んだ針よりも小さいサイズの針でショルダーストラップを編む方法もあります。または、ゆるみを分散させるために、ところどころ3目一度（2

目を減目）にする方法もあります。

ショルダーストラップのつなぎ方や減目の方法については、考慮すべき点がたくさんあります。それは、ショルダーストラップは人の視線のすぐ先にあり、とても目に入りやすい場所だからといえます。ショルダーストラップは、ガンジーの仕上がりによくも悪くも影響が大きいところなのです。

PROVISIONAL CAST-ONS（プロビジョナル・キャストオン）

この方法は、多くの場合、使用糸と反対色の別糸が適量必要になります。別糸は後でほどくため、
反対色にしたほうが識別しやすく、ほどきやすいためです。

INVISIBLE CAST-ON（インビジブル・キャストオン）

注：この作り目は、一度の動作を行う毎に2目できます。

1. 糸を2本どり（使用糸と別糸）にして、糸端を7〜10cm残しスリップノット（動く結び目）を作ったら、右手に針を持ちます。
   左手の親指に別糸、人さし指に使用糸を写真のようにかけます（**写真1**）。
2. *針を上から向こう側へ動かして使用糸をすくい（**写真2**）、
3. 手前から別糸をすくいます（**写真3**）。
4. もう一度使用糸を上から向こう側へ動かしてすくい（**写真4**）、
5. 下から手前へと別糸をくぐります（**写真5**）。この時点で別糸は針にかかっておらず、使用糸で2目ができました。*
   *〜*をくり返し、必要な目数を作ります。できた目はまだ安定していません。糸を手から離さずに編み地を返し、次の段から使用糸で編み始めます。

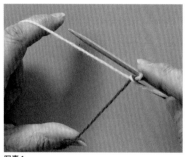

写真1

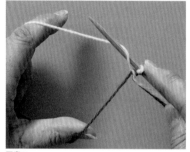

写真2

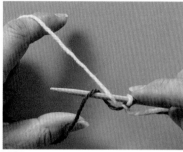

写真3

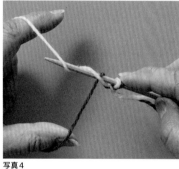

写真4

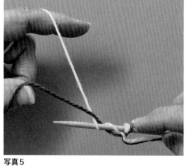

写真5

ALTERNATE PROVISIONAL CAST-ON（そのほかのプロビジョナル・キャストオン）

別糸を使い、作り目をする方法は、インビジブル・
キャストオンのほかにもあります。個人的には、
ロングテール・キャストオン（21ページ）で行うの
が好きです。作り目ができたら、使用糸に替え
て編み、手順にしたがって編み進めます。作り
目側から目を拾う準備が整ったら、別糸をほど
いて拾い、逆方向へ編みます。

the sampler サンプルを編む

ショルダーストラップを編む

(68ページ「サンプルを編む」の続き)

サンプル（ミニチュア版ガンジー）でショルダーストラップを編んでいきます。ネックラインから目を拾うときに、針に目がかかっているところから拾うなら、ショルダーストラップを作るときにプロビジョナル・キャストオンのような、2方向（**1.** ショルダーストラップをアームホールの方向へ編む、**2.** 作り目から目を拾い襟を編む）編み出せる方法にする必要があります。プロビジョナル・キャストオンには多くの種類があり、どの方法でも編めますが、本書ではインビジブル・キャストオンとそのほかのプロビジョナル・キャストオンをご紹介します（74ページ）。

インビジブル・キャストオンを使う場合は、針のサイズを上げた棒針で6目作り、糸を指で押さえながら編み地を返し、使用糸に替えて6目表編みをして目を安定させます。この動作で別糸は針の下で作り目を支え、使用糸で作り目ができていることを確認してください（別糸で作り目ができた場合は、最初からやり直してください）。上記ができたら、横に置いておきます。

メモ：後でネックラインを編む際に、別糸をほどいて目を拾うと、1目おきにねじれていることに気が付くと思います。目を拾った後に、ループの右を前に向け、すべての目が同じ方向に向くように直してください。

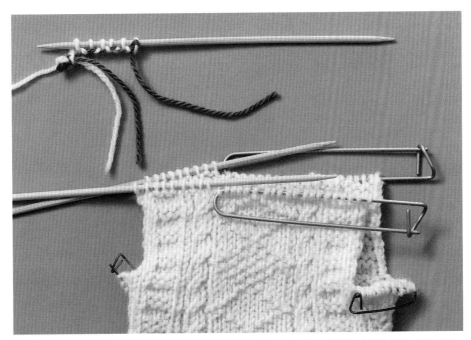

写真のように、右前肩と右後肩、針にはそれぞれ9目あります。そして、作り目した3本めの針もそろったところで、ショルダーストラップを編む準備が整いました。

垂直方向のショルダーストラップとつなぎ合わせ

(68ページ「サンプルを編む」の続き)

サンプルのショルダーストラップは6目とし、前後の肩をつなげながら編みます。59ページでは3種類のケーブル模様をご紹介していますので、サンプルではそのいずれかを使用します。

右肩の場合

サイズが上の号数の棒針を使い、右前肩から9目、右後肩から9目をそれぞれ別の針に移します（セーターの前後を見分ける方法として、イニシャルが入っている側が前身頃）。

右前肩の針を左手に持ち、ショルダーストラップ用に作り目した針を右手に持ちます。この時点では、右後肩の針は手に持たず、そのままにしておきます（**写真1**）。

セーターの表側を自分の方に向け、左針のネックライン側の端（アームホールの逆側）から表編み1目、（隣接する）手前の作り目をかぶせます（写真2）。編み地を返します。

注：1段めは裏側を見て編む段です。チャートは左→右へ読みます。

1段め：（糸を手前にして裏編みをするように針を入れ）すべり目（**写真3**）、表編み1目、裏編み2目、表編み1目、（右後肩の端の1目を一緒に）裏目の左上2目一度

2本の針にある目を裏目の2目一度をする場合、右の針先を最初に後ろの針の目に入れ、次に前の針の目に入れます。肩がねじれないように注意。右後肩の裏側が自分の方を向いていることを確認します（**写真4**）。編み地を返します。ショルダーストラップの両端で前身頃と後身頃の肩がつながりました。これでショルダーストラップの作り目の端はネックラインの一部になりました（**写真5**）。

メモ：このように、ショートロウをあと16段行います。毎段編み終わりの目は2目一度を行い（ショルダーストラップの1目と肩の1目）を、肩の目がすべて減目でなくなるまで続けます。

2段め：（表側）（糸を向こう側にして裏編みをするように針を入れ）すべり目、裏編み1目、表編み2目、裏編み1目、右上2目一度、編み地を返す

3段め：（裏側）（糸を手前にして裏編みをするように針を入れ）すべり目、表編み1目、裏編み2目、表編み1目、裏目の左上2目一度、編み地を返す

4段め：（表側）（糸を向こう側にして裏編みをするように針を入れ）すべり目、裏編み1目、左上1目交差、裏編み1目、右上2目一度、編み地を返す

5段め：（裏側）（糸を手前にして裏編みをするように針を入れて）すべり目、表編み1目、裏編み2目、表編み1目、裏目の左上2目一度、編み地を返す

2段〜5段めをあと3回繰り返します。糸を切り、ステッチホルダーに6目を移して休めます。

左肩の場合

プロビジョナル・キャストオンで6目作ります。左前肩から9目、左後肩から9目、それぞれ別の針に移します。編み地の表側を自分に向け、左手に左後肩の針、右手に作り目の針を持ちます（少しの間、もう一方の針をそのままにしておきます）。右肩の手順を**（**写真2**）から繰り返し、ショルダーストラップを完成させます。

「サンプルを編む」の続きは84ページをご覧ください。

**ショルダー
ストラップチャート**

段							段
17	V	●	/	●	V		16
15	V	●			●	V	14
13	V	●			●	/	12
11	V	●			●	V	10
9	V	●			●	/	8
7	V	●			●	V	6
5	V	●			●	/	4
3	V	●			●	V	2
1	V	●	/	●	V		

編み図記号

- ☐ 表側：表編み / 裏側：裏編み
- ● 表側：裏編み / 裏側：表編み
- ☐ 右上2目一度
- / 表側：左上2目一度 / 裏側：裏目の左上2目一度
- V 表側：糸を向こう側にしてすべり目 / 裏側：糸を手前にしてすべり目
- ✕ 左上1目交差

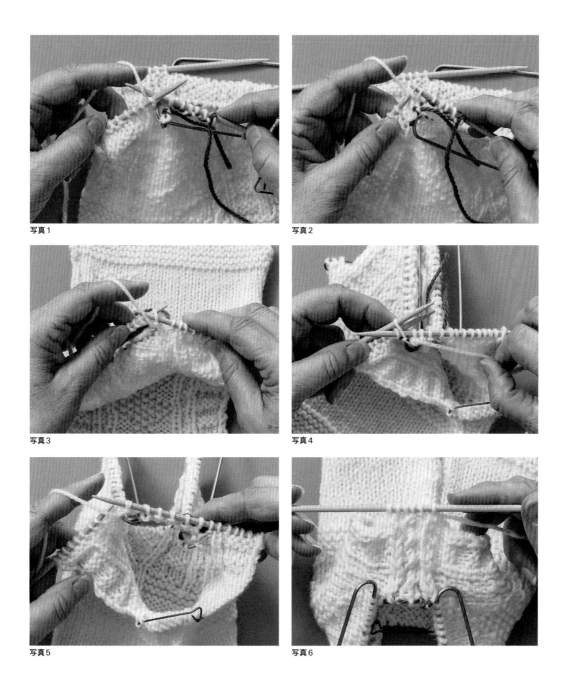

写真1

写真2

写真3

写真4

写真5

写真6

Three-Needle Bind-off (スリーニードル・バインドオフ)

ネックラインの形を作っても作らなくても、肩をはぐ最も簡単な方法は、スリーニードル・バインドオフです。この技法は、前肩と後肩の目数が同じである必要があります。前後の身頃を中表にして行うと、はぎ合わせた箇所はすっきりとした仕上がりに、外表で行った場合は、はぎ線が際立つ仕上がりになります。初期のガンジーでは、どちらの方法も一般的でした。

メモ：この技法を行うと、肩線に沿って特徴的なはぎ線ができます。はぎ線が前身頃側から見て左右とも同じ仕上がりにするには、片方の肩をアームホール→ネックライン、もう一方の肩をネックライン→アームホールの方向で行ってください。

左右どちらかの前肩と後肩の目をそれぞれ別の針に移し、この2本を左手でまとめて持ちます。

1. **さらに別の針を右手に持ち、左の2本の針の最初の目に表編みをするように針を入れて糸をかけ（**写真1**）、針を入れた2目からループを引き出します。**

2. ** ～ **をもう1回繰り返します（**写真2**）。

3. 右針の1目めを2目めにかぶせます（**写真3**）。
   最後の1目になるまで、この手順を繰り返します。
   糸を切り、ループに通します。

写真1

写真2

写真3

巻末の作品「ミュージシャン」（118ページ）では、編み地を中表にしてスリーニードル・バインドオフをしています（写真左）。
「スネーク＆ラダー」（170ページ）では、はぎの方法は同じですが、首にマチがあり、さらに編み地を外表ではぎ合わせています（写真右）。

design variations デザインのバリエーション

ガンジーの歴史を辿ると、ショルダーストラップに模様を入れると際立つので、デザインの要素として加えていたようです。ショルダーストラップに模様を入れる際、身頃に使った模様を小さくして取り入れると全体的なバランスがよく最適です。例えば、8目のケーブル模様ではなく、もっと小さい4目のケーブル模様を使う、といった具合に。ジグザグやダイヤモンドなど、表目/裏目のデザインも効果的です。模様が大きすぎる場合は、目数を減らし縮小したものをチャートで調整して、スワッチ（試し編みの小さな編み地）を作り、バランスよく仕上がるサイズを見つけます。

ショルダーストラップに入れる模様について、シンプルな背景模様（42〜43ページ）は避けるのが賢明です。それはインパクトに欠けるためです。ショルダーストラップは、袖につながって、さらに境界ラインから袖口まで模様を続けることで、セーターのデザイン性をぐっと上げることも可能ですので、背景模様以外を入れるといいでしょう。

ショルダーストラップの模様を考える際は、両端の目は模様に含めないでおきましょう。これは、両端の目は減目に使うためです。この両端の目を強調するデザインにしたい場合は、両端の目の1目内側の目を裏目にします。逆に両端の目を目立たなくする場合は、両端の目の内側の1目を表目にします。

ショルダーストラップを延長して編む

ネックラインの形を作っていない場合、ショルダーストラップを作るには2つの方法があります。1つめは、5〜7.5cmの高さのショルダーストラップを編んで、メリヤスはぎで前後の肩とつなぎ合わせる方法です（その場合、左右の肩用にそれぞれ1枚ずつショルダーストラップを編みます）。

2つめは、5cmまたはそれ以上高さを延長して編む方法です。その場合、後身頃はすべての目、前身頃は左右それぞれの肩分の目数のみ、それぞれ同じ段数を編みます。その後はメリヤスはぎ、またはスリーニードル・バインドオフのいずれかではぎます。ショルダーストラップは、身頃の模様と違う模様を入れることもできます。Rig 'n' Furrow（リグ＆ファロウ）やIndian Corn（インディアンコーン）と呼ばれる模様、ほかにも華やかな模様など、身頃と違っても問題ありません。

RIG 'N' FURROW（リグ＆ファロウ）

Rig'n'Furrow（リグ＆ファロウ）は、装飾的な模様としてショルダーストラップを延長して編む際に使うことができます。表目の段と裏目の段を数段ずつ交互に編むことで、耕した畑に畝を作ったような、盛りあがりと溝のような立体的な効果を生み出します。表目と裏目のリズムは、好きな順序や幅で決めることができます。例えば、3段の表

目の段の後に2段の裏目の段、あるいは2段ずつ表目と裏目の段を交互にする、といった具合です。色々試してみて！

リグ＆ファロウのショルダーストラップは、スリーニードル・バインドオフではぐことができますが、模様の連続がスムーズな流れになるように表目を編む箇所ではぎをすると美しく仕上がります。前身頃と後身頃の目は、それぞれ表目です。メリヤスはぎは表目1段を作りながら2枚の編み地をつなぐため、連続リズムに少なくとも3段の表目を入れる必要があります。肩のはぎにメリヤスはぎを使う際は、子供のセーターに限定するか、あるいははぎをしたところを裏側でもう一度目に沿って糸を入れて補強します。

リグ＆ファロウは、ショルダーストラップに使われることが多く、表目の段と裏目の段をそれぞれお好みで段数を決めて交互に編みます。

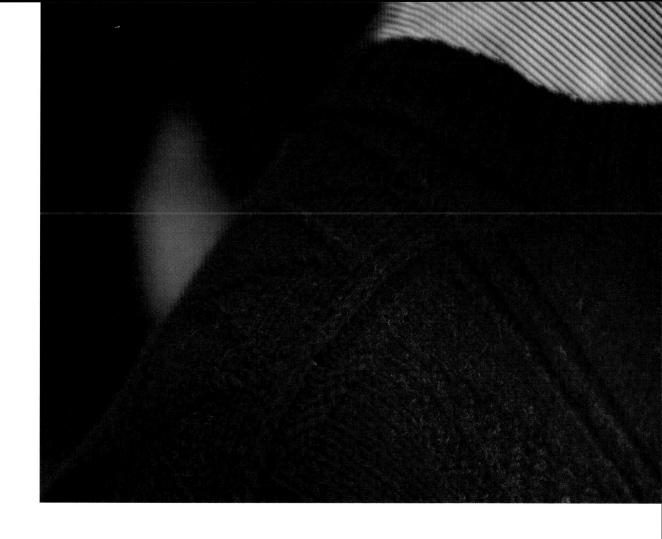

working full-size 実寸大を編む

ネックラインからアームホールへ垂直に作るショルダーストラップは、子供サイズは幅2.5cm程度、大人サイズは最大で幅10cmくらいが一般的です。大人サイズのほとんどのショルダーストラップは、幅5cmほどです。作り目数を決定するには、希望のショルダーストラップの幅とゲージ（10cm）から1cmの目数を導き、その数値を掛けて割り出します。

パーセンテージ法で必要な目数を割り出すことも可能です。身頃の総数に対して5〜10%の数値を割り出します。

作品例：168目×0.05=8目

ゲージ（10cm）は16目、ショルダーストラップの幅を5cmにしたいとします。もちろん、ショルダーストラップに入れたい模様次第では作り目数も変わります。ショルダーストラップには、身頃と同じ8目

のケーブル模様を使いたいところですが、これを6目模様にするとします。幅5cmのショルダーストラップにする場合は、作り目8目で問題ありません。ケーブル模様を強調したいのでケーブル模様の両側に裏目1目を入れることにします。

6目+2目=8目

両端に表目を1目ずつ配置するとして、単純に8目のケーブル模様を入れるなら10目必要ということになります。そうしても問題ありません。パーセンテージ法による計算と換算値は目安としては助けになりますが、実際に使う模様に合わせて最終的な目数を決定しましょう（または、ケーブル模様を4目に小さくして、ストラップの幅を8目のままにすることも可能です）。ガンジーは、ある程度の目数の変更は想定内、十分な柔軟性を兼ね備えています。

the sleeves

第9章　袖を編む

ガンジーの袖は、アームホールから目を拾い、減目しながらマチを作り、袖口まで輪に編みます。昔のガンジーを見ると、袖が7分丈のセーターもあり、漁師の汚れ仕事には実用的だったようです。しかし、一般的なセーターの袖はフル丈でした。

身頃と同様、袖も模様編み/境界ライン/表目の編み地、と分かれています。また、袖のチャートも右下から読み始めます。袖の模様は、身頃の模様と違うこともあれば、似た模様を使っている作品もあります。85ページのチャートを見ても分かるように、サンプル（ミニチュア版ガンジー）の袖の中央にケーブル模様を入れていますが、これはショルダーストラップからそのまま続き、身頃と同じ模様です。袖の模様は境界ラインで終わり、その後は表編み、袖口はリブ編み、と続きます。

袖の1段めを編んだ後は、マチを減目（サンプルでは、マチの両端でそれぞれ右上2目一度、左上2目一度）し、シームステッチのみが残るまで編みます（第6章参照）。マチを編み終えた後は、袖を減目しながら袖の形を作ります（88ページ参照）。

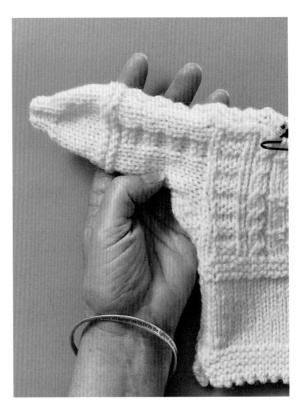

サンプルの片袖が編めたところ。

double decreases　3目一度

中上3目一度

3目を1目に減目する（2目減る）方法で、中上3目一度は3目のうち、中央1目が上になります。

1. 最初の2目を一緒に表目を編むように右針を入れ（**写真1**）、編まずに右針に移します。　*2.* 次の目を表編みします（**写真2**）。

3. 右針に移した2目を*2*の表目にかぶせます（**写真3**）。　*4.* 中央1目が上になり、3目が1目になりました（**写真4**）。

この減目は、脇下のマチの後半の最後の先端で行います。

写真1　　　　　　　　写真2　　　　　　　　写真3　　　　　　　　写真4

右上3目一度

3目を1目に減目する（2目減る）方法で、右上3目一度は3目のうち、右側の目が上になり左に傾きます。

1. 1目めを表目を編むように右針に入れ（**写真1**）、編まずに右針に移します。　*2.* 次の2目を一緒に表編み（左上2目一度）します（**写真2**）。

3. 最初のすべり目した目をかぶせます（**写真3**）。　*4.* 減目ができました。（**写真4**）。

この減目は、三角形の首のマチの最後の減目に使うことなどがあります。

 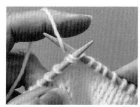  

写真1　　　　　　　　写真2　　　　　　　　写真3　　　　　　　　写真4

the sampler サンプルを編む

袖を編む

（75ページ「サンプルを編む」の続き）

この時点で、サンプル（ミニチュア版ガンジー）の左右の肩がそれぞれつながりました。いよいよアームホールから目を拾い、袖を編みます。

拾い目の段：ステッチホルダーに休めていた、マチとシームステッチ（11目）を9号（4.5mm）棒針に移します。編み地の表側を自分の方に向けて、マチの右側で糸をつけ、シームステッチとマチを編みます。

続けて、アームホールの端の1目と次の目の間に右針を入れて、糸をかけて目を引き出します。強度と安定性の向上のため、両端のループの両方（つまり1目全体）の内側に針を入れて拾い目します。

シームステッチの後からショルダーストラップの手前まで、アームホール部分から均等に11目拾います（2目拾ったら1段飛ばす、が大まかなリズム）。

次の通り、ショルダーストラップから、模様の流れに沿って6目拾います：表目1目、裏目1目、表目2目、裏目1目、表目1目。次に、もう片側のアームホールからも11目拾います。合計39を拾いました。

シームステッチとマチを編み始める前に、ステッチマーカーを入れます。ここを編み始めの位置とします。ショルダーストラップは、模様編みの流れを維持して、袖を編み進め、チャートの指定位置で1段おきにシームステッチの内側のマチの目を減目します（中上3目一度の方法は83ページ）。

19段め：裏編み1目、右上2目一度、表編み5目、左上2目一度、裏編み1目、表編み12目、裏編み1目、表編み2目、裏編み1目、表編み12目 →37目になりました。

20段め：裏編み1目、表編み7目、裏編み1目、表編み6目、裏編み3目、表編み3目、裏編み1目、左上1目交差、裏編み1目、表編み3目、裏編み3目、表編み6目

21段め：裏編み1目、右上2目一度、表編み3目、左上2目一度、裏編み1目、表編み6目、裏編み3目、表編み3目、裏編み1目、表編み2目、裏編み1目、表編み3目、裏編み3目、表編み6目 →35目になりました。

22段め：裏編み1目、表編み5目、裏編み1目、表編み12目、裏編み1目、表編み2目、裏編み1目、表編み12目

23段め：裏編み1目、右上2目一度、表編み1目、左上2目一度、裏編み1目、表編み12目、裏編み1目、表編み2目、裏編み1目、表編み12目 →33目になりました。

24段め：裏編み1目、表編み3目、裏編み1目、表編み6目、裏編み3目、表編み3目、裏編み1目、左上1目交差、裏編み1目、表編み3目、裏編み3目、表編み6目

25段め：裏編み1目、中上3目一度、裏編み1目、表編み6目、裏編み3目、表編み3目、裏編み1目、表編み2目、裏編み1目、表編み3目、裏編み3目、表編み6目 →31目になりました。

26段め：裏目の左上2目一度、裏編み1目、表編み12目、裏編み1目、表編み2目、裏編み1目、表編み12目 →30目になりました。

27段〜29段め：チャートの指示にしたがって編み、指定位置でケーブル模様の交差する

30段め：裏編み2目、右上2目一度、チャートの指示にしたがって編み終わり2目残るまで編む、左上2目一度 →28目になりました。

31段〜34段め：チャートの指示にしたがって編み、指定位置でケーブル模様の交差をする →26目になりました。

境界ラインと袖の下部分

35段〜37段め：5号または6号（3.75mm）棒針に替え、シームステッチの裏目は維持しながら、35段め：裏編み、36段め：表編み、37段め：裏編み

38段め：9号（4.5mm）棒針に戻し、裏編み2目、右上2目一度、チャートの指示にしたがって編み終わりの2目残るまで編む、左上2目一度 →24目になりました。

39段〜46段め：シームステッチの裏編みを維持しながら、表編み

袖口のリブ編み

5号または6号（3.75mm）棒針に替え、手順にしたがってシームステッチの裏目2目をスムーズにゴム編みに合流するようにして、1段めを編んだ時点で16目にします。

2目ゴム編みをあと3段編んだら、ゴム編みの編み方をしながら伏せ止めします。
もう片側の袖も同じように編んで仕上げます。

「サンプルを編む」の続きは94ページをご覧ください。

袖を編んでいくと、脇下のマチがなくなり、残りの袖の形が始まります。

袖

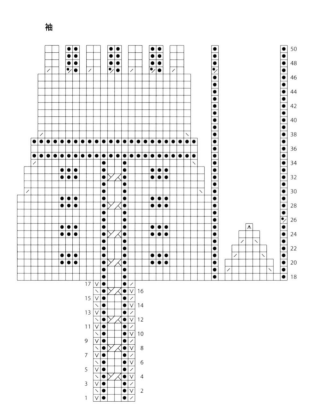

編み図記号

□	表側：表編み 裏側：裏編み
●	表側：裏編み 裏側：表編み
╱	表側：左上2目一度 裏側：裏目の左上2目一度
╲	右上2目一度
⟋•	裏目の左上2目一度
⋏	中上3目一度
∨	表側：糸を向こう側にしてすべり目 裏側：糸を手前にしてすべり目
⤬	左上1目交差

design variations デザインのバリエーション

袖の模様を考える際、中央に配置する模様は、身頃の模様から大胆な模様を選んで取り入れるとバランスよく仕上がります。背景模様を入れてもいいですし、それ以外の身頃に入れた模様でも素敵です。チャート上で模様が大きすぎると感じる場合は、デザイン全体を同じ比率で小さくして、目数を減らすのも1つの方法です。

ほかにも、中央の模様を袖口まで編み、そのほかの模様は境界ラインで終了する、といったバリエーションもあります。こうするには中央の模様が袖口まで編んでも十分に見えるように、模様の幅は狭めにして、途中から袖の内側に隠れてしまうことがないように考える必要があります。袖の境界ラインは、あってもなくても構いませ

んが、個人的には袖の境界ラインを身頃の境界ラインの位置と合わせたデザインにすることがあります。

下記の袖のデザインは、108ページ（第11章）のチャートの身頃の模様を使って、3種類の縦の模様を組み合わせてみました。選択肢1は大きなひし形を入れず、さりげない印象の4目のケーブル模様を中央に配置しました。一方、選択肢2は身頃の模様から大きな中央のダイヤモンドを縮小し、模様が際立つように大胆なデザインにしました。 どちらのデザインも、背景模様のシードステッチを袖の減目位置に配置しています。

身頃の模様

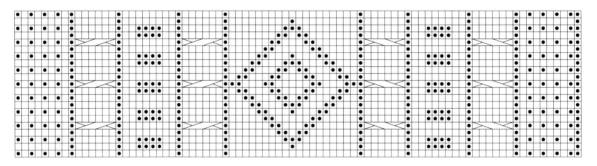

袖の模様、選択肢1

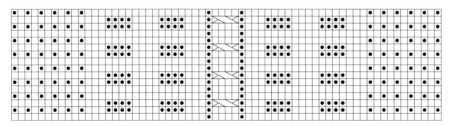

編み図記号

□	表目
⊡	裏目
⟋⟍	左上2目交差
⟍⟋	右上2目交差
⟋⟍	左上3目交差
⟍⟋	右上3目交差

袖の模様、選択肢2

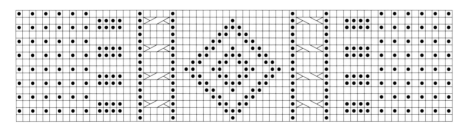

working full-size 実寸大を編む

袖丈を決める

ドロップショルダーの袖丈は、アームホール線が腕のどの辺りまで落ちるのか必ずしもはっきりとした数値が分かるとは限らないため、計算が難しいことがあります。1つの選択肢として、自分のサイズのドロップショルダーのニットをすでに持っている方は、セーターの袖を測ってみるといいでしょう。あるいは、一般サイズくらいの袖丈なら、106ページの表を参考にしてください。

袖丈を決める方法はほかにもあります。実際に着る人の寸法を測ることです。腕を曲げた状態で（曲げた状態で測ることで、肘を曲げたときに袖口がめくり上がらない丈を測ることができます）、首の後ろの出っ張った骨から手首までを測ります。自分で自分の寸法を正確に測るのはほぼ不可能なので、自分用を編む場合は、誰かに採寸を手伝ってもらいましょう。この値から、身頃全周の25%の値を引いた値が袖丈です。

> *作品例: 身頃の全周: 105cm*
> *首から手首までの丈: 71.25cm*
> *105cm×0.25=26.25cm*
> *71.25cm−26.25cm=45cmが袖丈*

アームホールから目を拾う

アームホールから何目拾うかを決める方法はたくさんあります。1つめは、「正しく見える感じに拾う」方法です。目を拾ったら何目になったか数え、その目数に合わせて模様をどうするか考えます。この方法はきちんとしたやり方ではありませんが、この偶然からによって、自身の創作に新たな一面が加わることも十分にあり得ます。

ほかにも方法はあります。それはアームホールの円周を測ることです。測るのは、前身頃と後身頃のアームホールで、脇下のマチやショルダーストラップなど、休み目をしているものは含めません（マチは減目後になくなるため、最終的な袖丈の寸法には反映されないため）。アームホールの円周に1cmあたりの目数を掛けて、アームホールから何目拾うかを割り出し、そこにショルダーストラップの目数を足します。

3つめの方法はさらに正確です。身頃のマチを編んだ最後の段から数え、アームホールの段数を調べます。肩をメリヤスはぎなどではいだ場合は、片側のアームホールの段数を数えて、それを2倍にするだけです。垂直にショルダーストラップが付いている場合は、この目数は含めないでください。これは、すでにステッチホルダーに休めている目を使用できるためですが、最後に合計するときにこの分も計算に入れます。アームホールの段数を1cmあたりの段数で割り、アームホールの丈を割り出します。アームホールの丈の値に1cmあたりの目数を掛けて、アームホールから何目拾うのかを割り出します。

アームホールの拾い目の計算の詳細は、89ページを参照してください。

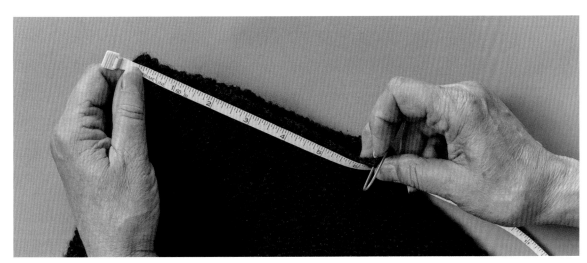

袖の拾い目数は、次の通り、別の方法で割り出すこともできます。アームホールの高さを測り、その値に2を掛けてアームホールの全周を割り出し、1cmあたりの目数を掛けます。その際、マチとシームステッチを含まずに割り出します。

袖の形を作るのに、全部で何目減目するのかを決めるには、袖の
マチを編み終えた後の目数(袖幅)からリブ編みの上の袖周りの目
数を引きます。

袖の目数－リブ編みの上の袖周りの目数＝減目する目数

**作品例:*65目–41目=24目*

3. 減目を入れる袖の長さの段数を割り出します

ここでは、リブ編みを除いた袖の長さ(マチを編み終えた箇所から
袖口まで)を決めます。この長さが決まったら、そのなかで減目を
行い袖の形を作ります。

袖丈－[リブ丈＋袖のマチの高さ]＝減目を入れる袖の長さ

**作品例:*45cm－[5cm＋7.5cm]＝32.5cm*

この袖の長さに1cmあたりの段数を掛けて段数を割り出し、次に
何段ごとに減目するかの間隔を決めます。

(減目を入れる)袖の長さ×1cmあたりの段数
＝袖の長さの段数

**作品例:*32.5cm×2.4段/cm=78段*

袖のチャートの例のように、割り出しの段数のままではなく、シー
ムステッチの裏目2目がマチ以降は裏目1目に減目して袖を編む流
れをスムーズに作るために、数段追加が必要な場合もあります。
マチ半分の段数は、計算上では18段でしたが、ここでは20段に
アレンジされています。

4. 何段ごとに減目するかを割り出します

袖の長さの段数を減目数で割り、何段ごとに減目するか決定します。

袖の長さの段数÷減目数
＝何段ごとに減目するか

**作品例:*78段÷24目 = 3.25段ごとに減目*

小数点以下を切り捨て、最も近い整数(この場合は3)にすると、
3段ごとに減目ということになります。ただし、袖は両端で減目(2目)
しますので、実際は何段ごとに減目をするのか決めるには、さらに
この数字に2を掛けます。

何段ごとに減目するか×2
＝両端で減目(2目)する場合に何段ごとに減目するか

**作品例:*[3段ごとに1目減目]×2 = 6段ごとに2目減目*

袖口

袖口はリブの編み方や針のサイズ次第で、心地よさが変わる箇所
といえます。おおよその全周を割り出すには、身頃の総目数(168目)
に20～25%を掛け、その値をリブの模様の繰り返し数の倍数に
なるように調整します。例では、袖口を割り出すと168×0.20＝
33.6目、リブは2目ゴム編み(表目2目×裏目2目)なので4目繰り
返し。袖口の目数は4で割り切れる32目にします(身頃のリブと同
じ模様にする場合、身頃のリブを手首にあててみていちばん着心
地がよいと感じる長さに巻きつけてみて目数を数えて再計算しま
す)。

減目しながら袖を編む

メモ:袖のチャートの例は、91ページをご覧ください。

1. リブ編みの上の袖周りの目数を割り出します

袖をフル丈にする場合、リブ編みの上の袖周りは、リブに合わせ
て小さくするよりも、適度なゆるみを加えたほうが着心地がよくな
ります。私の場合、通常は手首周りの値に少なくとも2.5～6.5cm
分の目数を足します。例えば、ここでは5cmのゆるみを足すとしま
す。

5cm×1.6目/cm=8目

さらに、シームステッチ分の1目を足し、合計9目を袖のゆるみ分
として加えます。

ゆるみ＋手首周り＝リブ編み後の袖周り

**作品例:*9目+32目=41目*

袖のチャートの例(91ページ)では、リブ編みが始まる最初の段で、
このゆるみ分の9目を減目していることが分かります。

アームホールから目を拾う

ショルダーストラップがない場合

108ページの例は、ネックラインの形を作り、さらにショルダーストラップ付きのガンジーです。身頃のマチを作った最後の段から肩のはぎ位置までの間には、前身頃と後身頃それぞれ48段あります。つまりアームホール全周はこの値に2を掛けた段数です。

48段×2=96段

ゲージ（10cm）は24段、1cmあたり2.4段、アームホールの高さは20cmです。袖を編むのに何目を拾うのかを割り出すには、アームホールの高さを2倍にし（前身頃と後身頃）、この値に1cmあたりの目数1.6目（10cmのゲージで16目）を掛けます。

20×2×1.6目/cm= 64目

何段間隔で拾い目するかを割り出すには、アームホールの段数を拾い目数で割ります。

64目/96段、約分して2目/3段

上記の計算の結果、2目拾ったら、次の段を飛ばし、また2目拾い飛ばして…といったリズムで拾い目を行います（割り切れない数などになった場合は、最も近い整数に切り上げまたは切り下げるなどしてやりやすくしましょう）。

ショルダーストラップがある場合

ショルダーストラップ付きのアームホールから目を拾う場合、その計算方法は少し異なります。ショルダーストラップの目はすでにホルダーに休めているため、計算にストラップを含めず、アームホールからのみ拾い目をすることになります。

前述の説明で、ゲージ（10cm）が16目、1cmあたり1.6目、高さは20cmのアームホールから、合計64目拾う結論に至りました。ショルダーストラップは5cm幅です。まずショルダーストラップの目数を割り出します。

5cm×1.6目/cm=8目

拾い目数から上記の値を引きます：

64目–8目=56目

この値がアームホールから目を拾う数になります。この値を半分にしたものが、ショルダーストラップの両側で拾う数ということになります。

56目÷2=28目

ここで、目を拾う間隔を割り出します。ショルダーストラップの幅が5cmの場合、前身頃と後身頃はそれぞれ、本来のアームホールの高さより2.5cm短いということになります（ストラップの幅の半分が前後それぞれに割りあてるとします）。したがって、例の場合、前身頃と後身頃のアームホールの高さは、17.5cmという計算になります。この長さに1cmあたりの段数を掛けて、片側の段数を割り出します：

17.5cm×2.4段/cm=42段

どのような間隔で拾い目をするかを割り出すには、アームホールの段数を拾い目する目数で割ります。

28目/42目、または約分して2目/3段

上記の計算の結果、2目拾ったら、次の段を飛ばし、また2目拾って飛ばして…といったリズムで目を拾います（割り切れない数などになった場合は、最も近い整数に切り上げまたは切り下げるなどしてやりやすくしましょう）。

袖のチャートを描く

袖は輪に編みますが、全体をチャートにすると、その形がはっきりと分かります。袖はアームホールから袖口に向かって編むので、チャートは逆さまのように見えるかもしれません。これまで通り、チャートは右下から読み始めます。

袖は、身頃と同じようにチャートで表します（54〜55ページ）。まず、袖とリブの長さを決めます。脇下のシームステッチに沿って、着る人の丈を測るか、もしくはお気に入りのニットがあればその寸法を測ります。お気に入りのニットがセットインスリーブでも、ドロップショルダーのガンジーの測定を正確に行うことができます。例では、袖丈は45cmです。減目しながらマチを作りますが、高さは7.5cm、袖の本体（マチとリブを除く）は32.5cm、リブ5cmです。袖の本体とマチの合計は40cmです。その合計に1cmあたりの段数を掛けて、チャートを作成します。

40cm×2.4段/cm=96段

リブ編みの上の袖周り（41目）に印を付け、リブ（32目、高さ5cm）を足します。この時点で、リブ編みはサイズの小さい針を使用し、身頃よりもタイトなゲージになるため、5cmに何段必要なのか正確な段数は確定していません。チャート上では14段と推定していますが、編みながら測り、本当に高さが出ているかどうかを確認します。

アームホールから何目を拾うかについては、1cmあたりの目数にアームホール全周の数値を掛けます。

1.6目/cm×40cm=64目

または、パーセンテージ法を使うこともできます。

168目×0.40=67.2目

メモ：この例では、マチに含まれるシームステッチを除き、64目で作成しています。ガンジーは融通が利き、目数の変更や調整は大きな問題ではありません。編み物は正確な科学でなくても大丈夫です。

さらに、マチとその減目もチャートに描く必要があります。袖のマチは、身頃側で作った上半分のマチとおおよそ鏡写しのイメージに近いです。増し目をしたのと同じ間隔で、袖のマチは減目をしながら編み進めます（第6章参照）。

袖のチャート例

アームホール：64目
袖本体の長さ：76段
リブ編みの上の袖周り：41目
リブの編み始めに9目減目する
リブ：32目

編み図記号

☐ 表目
● 裏目
╱ 左上2目一度
╲ 右上2目一度
⬆ 中上3目一度
⬆ 裏目の中上3目一度
⤬ 右上2目交差

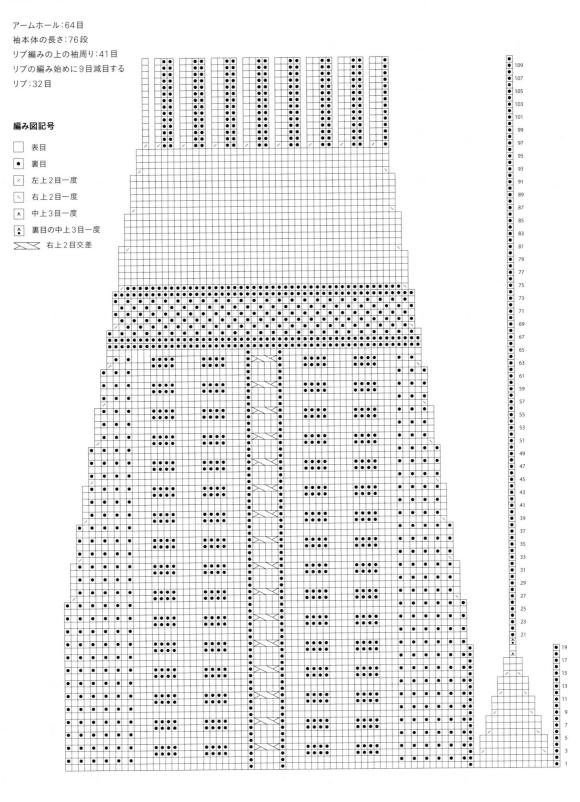

finishing the neckline

第10章　ネックラインを仕上げる

サンプル（ミニチュア版ガンジー）はまもなく完成！というところまできました。次は、形を作っていないネックラインの仕上げに、三角形の襟のマチとクルーネックを編みます。

襟のマチ

脇下のマチは、着る人がより自由に動くことを可能にするものでしたが、襟のマチは形のないネックラインの角度に沿って編み地の輪郭を作るためのもので、ぴったりと心地よくフィットするようになっています。伝統的なガンジーには、必ず襟のマチがついているわけではありませんが、知っておく価値があるテクニックです。このような創意工夫を凝らした細かな仕立てによってフィット感やデザインの問題を解消してきたといえます。

襟のマチの形には、三角形、逆三角形、ショルダーストラップ内の3種類があります。どのタイプのマチを選ぶかは、肩をどうしたいかによって異なります。

三角形のマチは、襟を編みながらその中に作ります。肩の編み方やはぎ方に関係なくマチを入れることができ、襟がたるまずにぴったりとフィットするように考えられています。逆三角形のマチは、肩のはぎ線上に、肩のはぎの途中で作ります。ショルダーストラップ内のマチは、ショルダーストラップがある場合にのみ、その境目に作り、逆三角形のマチと同じく、肩をはぎながら首のところに余裕を持たせて幅を作ります。

襟

ガンジーの襟は、ロールカラー、ボタン付きカラー、ダブルカラー、クルーネックなどのスタイルがあります。最も簡単なのはクルーネックで、2目ゴム編みや1目ゴム編みまたは表目を編んだものです。2目ゴム編みのリブが最も伸縮性に優れ、表目の襟は、伸縮性は低くなります。デザインのバリエーションとして、袖口のリブと襟のリブを違う編み方にしている作品もあります。襟を編む際は、ネックラインから目を拾い、希望の高さを編んだら、ゆるめに止めます。襟のマチが奇数目なら1目ゴム編み、偶数目数なら2目ゴム編みがうまく機能します。

編み手のなかには、1目ゴム編みのリブを12.5cm、またはそれ以上を編む人もいましたが、こういった作品の多くは、襟はたるみ、時間が経つと型崩れが目立ち、だらしなくなっていきました。型崩れを避けるため、襟の高さは5〜7.5cmくらいにするといいでしょう。

『Patterns for Guernseys, Jerseys, and Arans』（1971年）で、グラディス・トンプソンは、クルーネックのすっきりとした仕上げについて記述しました。それは、希望の高さのリブ編みまたは表編みをした後、表編み1段、裏編み2段、さらに表編み1段編んだら、表編みしながら伏せ止めする、といった仕上げ方でした。サンプル（ミニチュア版ガンジー）の表編みの襟も似たような仕上げをしていて、最後は裏編み1段、表編み1段、裏編みしながら伏せ止めをしています。

さまざまなガンジーの襟の例
写真上から下へ：1目ゴム編みのクルーネック、
2目ゴム編みを折り返したダブルカラー、
ケーブル模様のリブをスタンドアップカラーにしたもの、
リブ編みのロールカラー、
ボタン付きカラー

the sampler サンプルを編む

襟を編む

(84ページ「サンプルを編む」の続き)

サンプル(ミニチュア版ガンジー)は、5～6号(3.75mm)の短い棒針を使って、表目の三角形のマチを入れた襟を編みます。三角形のマチは、襟を編み上げていくうちにできる余分な編み地分を減目し、三角形を作ることで、すっきりとしたネックラインになるようにデザインされています。三角形のマチは、左右の首の付け根に作ります。脇下のマチ(右上2目一度と左上2目一度)と同じ要領で、最後の減目は3目一度にします。3目一度は、減目した目を襟のリブ編みのように続けたい場合は中上3目一度がきれいです(83ページ)。三角形を閉じたような形に作るなら、サンプルと同じように右上3目一度にするときれいに仕上がります(83ページ)。

はじめに、サンプルの襟を確認しましょう。前身頃と後身頃はステッチホルダーに休めてあり、ショルダーストラップは別糸に作り目をしています(写真1)。左右のショルダーストラップの目をそれぞれ別の針に移しながら、右肩のショルダーストラップの別糸をぴんと張ります。作り目の6目が突き出て、棒針に移しやすくなります。インビジブル・キャストオン(74ページ)を使用した場合、1目おきに拾い目がねじれて、ループ右側が手前になっていないことに注意してください(写真2)。6目を棒針に移したら、必要に応じてねじれている目を戻して、すべての目が適切な方向を向くようにします。左肩のショルダーストラップの目も同じように行います。写真3は、左右のショルダーストラップの作り目は別々の針に移し、さらに前身頃と後身頃の休み目も別々の針に移したところです。

次に、写真4の矢印が指している箇所から、次の通り7目を拾います。

ショルダーストラップの表側を見ながら、右側から2目めと3目めの間の横に渡る糸を右針ですくい上げて、ケーブル模様の真ん中から1目ができたようにします。もう片側のショルダーストラップも同じ方法で1目を増やします。この増し目はマチの位置を対称にするために行います。ショルダーストラップの7目から、両端以外の5目でマチを作ります。4本の針には合計36目があります。

後身頃の右側から始め、襟とマチ(マチはショルダーストラップの真ん中5目)を次のように編みます。

1段め: 後身頃の右肩の1目めをすべり目、糸をつけて裏編み9目、裏目の左上2目一度、裏編み5目、裏目の左上2目一度、裏編み9目、裏目の左上2目一度、裏編み5目、最後の目とすべり目した1目めを裏目の左上2目一度、マーカーを付ける(編み始め位置) →32目になります。

2段、4段、6段、8段め: 表編み

3段め: 表編み10目、右上2目一度、表編み1目、左上2目一度、表編み11目、右上2目一度、表編み1目、左上2目一度、表編み1目 →28目になります。

5段め: 表編み10目、右上3目一度、表編み11目、右上3目一度、表編み1目 →24目になります。

7段め: 裏編み

9段め: 裏編みしながら伏せ止め

サンプル(ミニチュア版ガンジー)が完成しました。

襟のマチは首周りの形に沿って輪郭を作ります。通常、大人サイズの場合、各側それぞれの幅は3.8cm以下です。サンプルの三角形の首のマチは、最大幅の5目にしています。

襟

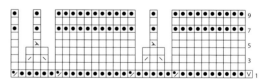

編み図記号

☐	表目	╱	左上2目一度	⊡	裏目の左上2目一度
●	裏目	╲	右上2目一度	⋌	右上3目一度
Ⅴ	表側で糸を向こう側にしてすべり目				

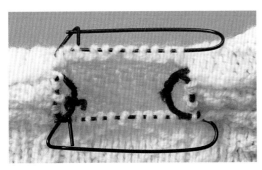

写真1 前身頃と後身頃の目はステッチホルダーに、ショルダーストラップは別糸に作り目をしています。

写真2 別糸にインビジブル・キャストオン（74ページ）をした6目を拾ったところ。写真のように、ねじれている目があることに注意してください。

写真3 4本の針にすべての目を拾ったところ。

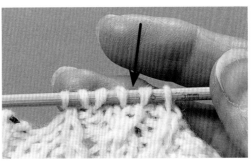

写真4 ショルダーストラップの2目めと3目めの間の横に渡る糸を持ちあげて目を作り、7目にします。

写真5 表目のクルーネックが完成。最後の数段はガーター編みして伏せ止めします。

クルーネック以外の襟：ロールカラー

サンプルの襟をロールカラーにする場合、ステッチホルダーに休めてある前身頃と後身頃の11目をそれぞれ針に移します。ショルダーストラップの作り目（別糸）もそれぞれ別の棒針に移し、計34目を4本の針に移した状態にします。糸をつけ、3.8〜5cm表編みしたら、ゆるめに伏せ止めします。襟がくるっと丸まり、適度なフィット感の襟ができます。

design variations デザインのバリエーション

ダブルカラー

リブ編みの襟を編む別の方法として、リブを仕上がり寸法の2倍の高さを編み、伏せ止めをする代わりにリブを半分にして裏側に折り込んで1目ずつ裏側（拾い目の段）に縫い付けます。この方法は伸縮性が高く、つっぱり感もないため、子供用のセーターにも向いています。

拾い目した裏側の目に沿って、リブ編みした襟を折り返して縫い付けます。

ロールカラー

ロールカラーは、表目の編み地の特徴として作り目と伏せ止めの端がカールしやすい傾向を利用して、裏目が表側に現われるデザインです。形を作ったネックライン、またはショルダーストラップや逆三角形のマチ付きの形を作っていないネックラインなどから目を拾い、5〜10cm表編みをして、ゆるめに伏せ止めします。裾をガーターウェルトにしたときに、このネックラインにすることが多く、とても素敵です。

クラシックなロールカラー。写真は、襟の幅が広いガンジーにリブ編みと組み合わせたもの。

ボタン付きカラー

リブ編みや表目の襟を輪編みではなく、往復編みにすると、端と端を重ねてボタンを付けることができます。襟の高さを5〜10cmくらいにするとバランスよくうまくいきます。

襟を編むのに必要な目数を拾いますが、一方の肩またはショルダーストラップの上に、幅1.3〜2.5cmくらい重なりができる長さ分を作り目します。個人的には、重なり分の目をガーター編みにするのが好きで、襟の両端に同じ目数を作り目します。重なり分の作り目は、襟に固定されていません。そのため、時間の経過とともにゆるく垂れてしまったら、ボタンの位置を遠ざけて再度適度に締めることができます。

ガンジーの歴史が分かる写真から、襟にまつわる写真も数枚見たことがありますが、ボタンホールは前身頃から延長して作られ、だいたい2〜4個のボタンが後身頃に付けられていました。古い写真を見ながら、ボタン付きカラーがあることに気づきましたが、このようなボタン付きの仕立ては、男性が右肩に物を担ぐ邪魔にならないように、首の左側に施されていました。

ボタン付きカラーは、漁師にとっては一層暖かく着ることができるセーターでした。

逆三角形の首のマチ

このタイプのマチは、形を作っていないネックラインに編み入れることができます。下記の手順は、セーターの表側の肩のラインに沿ってはぎ線がでているデザインです（前身頃と後身頃を外表にして肩をはぎます）。

前後の身頃の肩のすべての目をそれぞれ針に移します。前身頃を1本の針に、後身頃を別の針に、といった具合に別々の針に目を移したら、肩はぎ分の襟側の7目を残したところにステッチマーカーを付けます。ステッチマーカーを付けた箇所がマチの編み始めの位置です。前身頃と後身頃を外表にして、2本の針を手に持ちます。

アームホールの端からスリーニードル・バインドオフ（79ページ）をステッチマーカーの位置まで行います。針に残っている最後の目を3本目の針に移します。ステッチマーカーを外します。

1段め：（表側）3番目の針で、左針の目を表編み1目（この時点で3本目の針には2目あります）、編み地を返す

2段め：（裏側）（糸を手前にして）裏編みをするように針を入れてすべり目、裏編み1目、左針（1段めでは右にあっ

た針）から裏編み1目、編み地を返す

3段め：（表側）（糸を向こう側にして）裏編みをするように針を入れてすべり目、表編み2目、肩の目から表編み1目、編み地を返す

上記のように表目の編み地になるように往復編みをします。その際、毎段編み始めの目はすべり目、編み終わりは隣の針から新しい1目を編みます。

マチが希望の幅（子供サイズは2.3〜3.8cm程度、大人サイズは3.8〜5cm程度）になり、襟のマチ分として残しておいた肩の目がすべて編まれたら、針にある目をステッチホルダーに移します。もう一方の肩も同じように編んでマチを作ります。

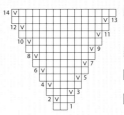

逆三角形のマチ

編み図記号

	表側：表編み 裏側：裏編み
V	表側：糸を向こう側にしてすべり目 裏側：糸を手前にしてすべり目

逆三角形の首のマチは、形を作っていないネックラインや肩のはぎ線に入れることができます。
マチは肩のはぎ線上に作られ、首周りを広げるためのものです。

ショルダーストラップ内にマチを作る

初めてショルダーストラップにマチを入れて編んだとき、肩のラインにできた傾斜に驚いたのですが、実際に着てみると、肩が首に向かって自然に上向きに傾斜しているため、着心地がとてもよかったのです。

ショルダーストラップを入れると、ネックラインはスクエアカラーのようになりますが、そこにマチ（左右肩にそれぞれ2つずつ）を入れることで自然な傾斜を作ることができます。ショルダーストラップ内のマチは、表目の編み地で、ショルダーストラップのつなぎ合わせの始めに作ります。マチは、ショルダーストラップの土台（作り目）の段の両端から作り目をします。マチ分の作り目ですが、プロビジョナル・キャストオン（74ページ）はおすすめしません。なぜなら、この作り目は伸びやすく、マチの形がうまくいかない可能性があるためです。通常の作り目にしたほうが、端に必要な安定性が維持できます。

私の場合、それぞれのマチをいちばん幅が広い部分でも約2.5cm幅くらいにしますが、昔のガンジーの写真では、もっと幅の広いものも見たことがあります。マチは、最終的には編み進めていくうちになくなって、ショルダーストラップに溶け込みます。このため、ゲージ（10cm）が24目よりもローゲージの場合は、マチを作ることをおすすめしません。目数が少ないと、マチが認識できるほどのものを作るのに十分な編み地の長さ分の目数がとれないためです。

マチを作る際は、同じ段で両端1目ずつ減目します。マチの両端のうち、外側になる側の減目はストラップと身頃を結合する箇所で、内側になる側の減目はマチ自体の形を作ることができ、最終的にはなくなります。両端とも1段おきに減目します。 必要に応じて、2目を並べて配置してマチを作ることもできます。こうすることで補強の役目とストラップの模様によってマチが目立たない効果があります。例えば、マチとショルダーストラップどちらも表目の編み地の場合、マチはショルダーストラップの一部のように見えます。

もう1つの選択肢として、模様に関係なく、マチの外側と内側の両端に減目を配置することです。マチの外側の目はショルダーストラップと身頃をつなぎ合わせる目として機能するため、この目には模様は入れません。

左右のショルダーストラップにそれぞれ2箇所のマチがあり、表目の編み地で編まれ、ショルダーストラップが付いたスクエアカラーにフィット感をプラスします。マチは同じ段で2目ずつ減目します。外側の減目はショルダーストラップと身頃をつなげる減目の箇所になり、内側の減目はマチの形を作ります。

ガンジーを着た男性を撮影した古い写真。リブ編みの幅広いショルダーストラップにマチを入れたガンジー。（写真提供：Sutcliffe Gallery; 10-08）

ショルダーストラップ内のマチを練習してみましょう

28目を作り、高さ2.5cmのスワッチ（小さい編み地）を2枚編みます。この2枚を右肩の前身頃と後身頃と仮定します。

メモ：下記の手順は、マチの両端を減目するタイプのショルダーストラップのマチの作り方です（ここでの練習用ショルダーストラップは、模様はありません。必要に応じて模様を加えることができます）。ここで練習するマチは、いちばん幅が広いところで6目あり、ゲージ（10cm）が24目（2.4目/cm）のニットにも適しています。ショルダーストラップの幅を5cmにしたい場合は、12目必要ということになります。ストラップの両側に6目のマチを入れるとすると、さらに12目必要です。ショルダーストラップに必要な目数（12目）とマチ分の目数（12目）を合わせて24目作ります。12段編む間に24目が14目になるように減目しますので、この練習用の小さな編み地では減目間隔がとても短くなります。

棒針に使用糸で24目を作ります。編み地の表側を見ながら、右前肩（はじめに28目で編んだ2枚のスワッチのうちの1枚）の棒針を左手に持ちます。ショルダーストラップの作り目（24目）の棒針を右手に持ちます。右前肩の1目め（実寸大では首側の端）を表編み、手前のショルダーストラップの作り目の最後の目をかぶせます。編み地を返します。

下記の通り、引き続き編み進めます。すべり目についてですが、裏側を見て編む段の場合は、糸を手前にして裏編みをするように針を入れ、表側を見て編む段の場合は、糸を向こう側にして裏編みをするように針を入れてすべり目をします。ショルダーストラップのマチは、毎段の編み終わりで2目を一緒に（ストラップから1目、肩から1目）編んで前身頃と後身頃をつなげていきます。

1段め：（裏側）（糸を手前に裏編みをするように針を入れ）すべり目、裏編み5目、ステッチマーカーを付ける（ストラップ用）、（模様に沿って）12目を編む、ステッチマーカーを付ける、裏編み5目、裏目の左上2目一度、編み地を返す

2段め：（表側）（糸を向こう側に裏編みをするように針を入れ）すべり目、右上2目一度、表編み3目、ステッチマーカーを移す、（模様に沿って）12目を編む、ステッチマーカーを移す、表編み3目、左上2目一度（マチの目を減目）、右上2目一度（ストラップと身頃をつなぐ減目）、編み地を返す

3段め：（糸を手前に裏編みをするように針を入れ）すべり目、裏編み4目、ステッチマーカーを移す、（模様に沿って）12目を編む、ステッチマーカーを移す、裏編み4目、裏編みの左上2目一度、編み地を返す

4段め：（糸を向こう側に裏編みをするように針を入れ）すべり目、右上2目一度、表編み2目、ステッチマーカーを移す、（模様に沿って）12目を編む、ステッチマーカーを移す、表編み2目、左上2目一度、右上2目一度、編み地を返す

5段め：（糸を手前に裏編みをするように針を入れ）すべり目、裏編み3目、ステッチマーカーを移す、（模様に沿って）12目を編む、ステッチマーカーを移す、裏編み3目、裏目の左上2目一度、編み地を返す

6段め：（糸を向こう側に裏編みをするように針を入れ）すべり目、右上2目一度、表編み1目、ステッチマーカーを移す、（模様に沿って）12目を編む、ステッチマーカーを移す、表編み1目、左上2目一度、右上2目一度、編み地を返す

7段め：（糸を手前に裏編みをするように針を入れ）すべり目、裏編み2目、ステッチマーカーを移す、（模様に沿って）12目を編む、ステッチマーカーを移す、裏編み2目、裏目の左上2目一度、編み地を返す

8段め：（糸を向こう側に裏編みをするように針を入れ）すべり目、右上2目一度、ステッチマーカーを移す、（模様に沿って）12目を編む、ステッチマーカーを移す、左上2目一度、右上2目一度、編み地を返す

9段め：（糸を手前に裏編みをするように針を入れ）すべり目、裏編み1目、マーカーを右針に移す、（模様に沿って）12目を編む、ステッチマーカーを移す、裏編み1目、裏目の左上2目一度、編み地を返す

10段め：右上2目一度、ステッチマーカーを外す、（模様に沿って）12目を編む、ステッチマーカーを外す、中上3目一度、編み地を返す（マチが完成）

11段め：すべり目、（模様に沿って）12目を編む、裏目の左上2目一度、編み地を返す

12段め：すべり目、（模様に沿って）12目を編む、右上2目一度、編み地を返す

肩の目がすべてショルダーストラップの目と減目してなくなるまで、11段めと12段めを繰り返します。

ショルダーストラップのマチ

ショルダーストラップのマチは、両端の減目に沿って、フランジ（縁）ができます。

減目の位置を変えたショルダーストラップのマチ

ショルダーストラップの端から減目の位置を移動してマチを作ることも可能です。

編み図記号

□	表側：表編み、裏側：裏編み
⋁	表側：糸を向こう側にしてすべり目 裏側：糸を手前にしてすべり目
╱	表側：左上2目一度 裏側：裏目の左上2目一度
╲	右上2目一度
⋀	中上3目一度

working full-size 実寸大を編む

ショルダーストラップ付きの実寸大の襟を編む際は、棒針を使うよりも40cmの輪針で編んだ方がはるかに編みやすいです。編み始めの段差が目立たないように、後身頃に糸をつけて始めます。ショルダーストラップなしのネックラインの場合は、両方の身頃のネックラインから目を拾います。

ネックラインから何目拾うかを割り出すには、身頃の総数に45%を掛けます。

作品例：*168目×0.45＝75.6目*

2目ゴム編みは4目繰り返しのため、4の倍数にする必要がありますので、76目にします。セーターを着る人が脱ぎ着しやすいように、必ずゆるめに伏せ止めしてください。

セーターを仕上げる

編んでいたものができ上がり、針からはずれても、まだやるべきことがあります。すべての端を縫うのは面倒な作業ですが、一度行うと、裏側も表側と同じようにきれいな仕上がりになり嬉しくなること間違いありません。また、ブロッキングも編み地の仕上げに不可欠な作業です。上質なウール用の優しい洗剤でセーターを洗い、すすぎ、平置きして乾かすことにより、編み目がより均一に安定して落ち着きます。古いセーターを破いてしまったことがある人は、編み地に糸が「セット」されたことで、どう絡むかをご存知ではないでしょうか。ブロッキングという作業はこのプロセスに役立つものです。ガンジーのような、特にざらっとした手触りのニットの場合、この最後の仕上げから多くの恩恵を受けます。

端を縫う

先端の丸いニット用とじ針（メリヤスはぎにも最適）を使う代わりに、先端が鋭いとじ針を使うと、端を縫うときに裏側で裏目の突き出たところに針が入れやすくおすすめです。こうすることで、繊維どうしが互いに絡む、ウールが本来持つ特徴がより活きてくるのです。スケールと呼ばれる、微細なうろこ状の表皮は、近くのものと絡み合い、効率的に端をしっかりと保持してくれます。

ブロッキングをする

ウールの衣類を適切にブロッキングするには、通常は、洗浄、すすぎ、そして乾燥させる必要があります。その後は必要に応じてスチームアイロンで整えることができます。ガンジーの糸は、ブロッキングによく反応し、硬めのザラザラしたような手触りは、より柔らかくしなやかな手触りへと変化します。他の毛糸では絶対にやらないことですが、ガンジーの編み地に直接スチームアイロンをあてたこともあります（特に問題ありませんでした）。

ブロッキングは、まずシンクにぬるま湯を準備し、良質のウール用洗剤を適量入れます。セーターを浸し、軽く揉んで水と洗剤を羊毛に浸透させます。次に、セーターを一旦別の容器に移します。水を含んで重くなったセーターをしっかり支え、シンクの水を流して、新たにぬるま湯を準備、再びセーターを入れます。私の場合は、2、3回くらいすすぎます。次に、セーターを枕カバーに入れて閉じ、洗濯機に入れて1分間脱水します。脱水すると、かなりの量の水を取り除くことができ、乾きが速くなります。ウーリーボードがなくても、セーターをタオルの上に平らに置いて、下側も乾くように1〜2回ひっくり返しながら乾燥させます。

小物類の場合は、洗濯機は使わずに、タオルで丸めて水を押し出します。次に、クッキークーラーの上に平らに置き、空気が下を通るようにして乾かします。

ウールのお手入れ

ああ、虫食い！私はビニール袋が嫌いですが、虫食いとそれによるダメージはもっと嫌いです。夏に向けセーターを仕舞うときは、まず洗ってください。虫は食べカスなどを好み、大切なセーターに付着する可能性があります。完全に乾いたら、日光を避けビニール袋に入れて保管してください。市販のさまざまな種類のバッグやボックスを扱うオンラインアウトレットなどで扱うジッパー付きバッグがおすすめです。

ウーリーボード

ウーリーボードは、シェトランド諸島生まれの、ドロップショルダーやスクエアアームホールのセーターをブロッキングするための素晴らしい道具です。張力の下でセーターを乾かし、きれいに「着飾る」ためにセーターの形を美しく整える道具です（シェトランド諸島の地元の人々談）。その多くは調整可能で、アームホールの深さが違っていても、複数サイズのセーターに対応できる仕様になっています。既製の道具を購入もできますが、インターネットで検索すると、自作ボードの作り方を紹介するサイトもあります。

planning and designing your own

第11章　オリジナルのガンジーをデザインする

これまでサンプル（ミニチュア版ガンジー）を編みながらガンジーの編み方を解説、実寸大を編むためにガンジーの構造やデザインのさまざまなオプションについて説明してきました。いよいよオリジナルのガンジーのデザインを始める番です。この章では、ガンジーをデザインするうえでの基本的なポイントと計算方法についておさらいしていきましょう。理解を一層深めることで、オリジナルのガンジーを編むためのバリエーションが増え、それぞれが個々の作品に素晴らしい独自の表現をもたらしてくれるはずです。

外郭寸法表（103ページ）は、数値の欄が空欄で、各自で採寸値を記録できるようになっています。ワークシート（115ページ）は、オリジナル制作の計画を立てる際のガイドラインとしてお役立てください。最後に、市販のものでもニット専用でもどちらでも構いませんので、方眼紙を用意しましょう。セーターのサイズやシルエットを描き、目数を書き込み、模様やバリエーションの詳細を記入するために必要です。ニット用の方眼紙は、次のウェブサイトにアクセスしてダウンロードすることもできますので、ぜひご利用ください。
www.knittingtraditions.com/about-knitting-traditions/favorite-links/

この章には、ワークシートも付いており、オリジナルガンジーのアイデアを練るための手順や概要を記載しています（必要に応じて、さらに詳細を確認する場合は、各手順を解説している章を参照してください）。

概要

ガンジーのデザインには、3つの手順があります。「*1. デザインの詳細を決める*」、「*2. セーターの割り出しをする*」、そして「*3. 模様を考える*」です。

1. デザインの詳細を決める

私がデザインをする際は、裾から始まり、ガンジーに入れたい要素をすべて頭でイメージしていきます。作品例のガンジーでは、次の通り詳細を決めています。

- 身頃の裾：2目ゴム編み
- 縦模様
- シームステッチ：裏目1目
- ネックラインを作る
- プレーン地にイニシャルを入れる
- 肩をはぐ
- 境界ライン：鹿の子編み
- 襟・袖口：2目ゴム編み

まずは、上記のように詳細についてリストにして書き出す、あるいは小さなデザイン画のような絵を描いて詳細を記しておく場合もあります。

2. セーターの割り出しをする

次に、必要な箇所すべてを採寸し、その値（cm）に1cmあたりの目数/段数を掛けて外郭寸法表に記入する、または、年齢別標準寸法一覧表（106ページ）を参考に、外郭寸法の値を決めることも可能です。もう1つの方法は、手持ちの自分の好きなドロップショルダーセーターから必要な箇所を測り、その値をデザインに使うことです。

3. 模様を考える

最後は、方眼紙に描き込む作業です。はじめに、マチ、シームステッチ、ネックラインなど、セーターの外郭を引き、次に編み地に入れる模様は方眼を塗りつぶすなどして作成します。

外郭寸法表を作成しましょう

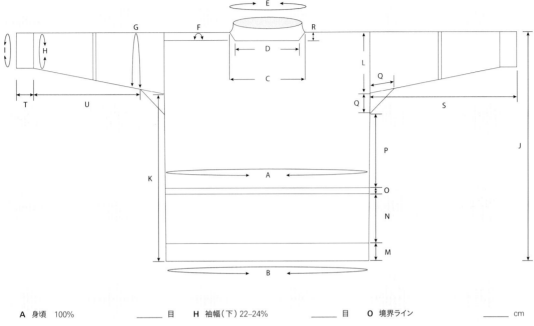

A	身頃　100%	＿＿＿＿ 目	H	袖幅（下）22–24%	＿＿＿＿ 目	O	境界ライン	＿＿＿＿ cm
B	裾幅　90%	＿＿＿＿ 目	I	袖口幅 20–25%	＿＿＿＿ 目	P	境界ラインからマチまで	＿＿＿＿ cm
C	ネックライン幅　20%	＿＿＿＿ 目	J	着丈	＿＿＿＿ cm	Q	マチ半分の高さ	＿＿＿＿ cm
D	ネックラインのボトム 15%	＿＿＿＿ 目	K	脇丈（裾からアームホールまで）	＿＿＿＿ cm	R	襟下がり	＿＿＿＿ cm
E	襟周り 45%	＿＿＿＿ 目	L	アームホール	＿＿＿＿ cm	S	袖丈	＿＿＿＿ cm
F	ショルダーストラップ幅 5–10%	＿＿＿＿ 目	M	リブ丈	＿＿＿＿ cm	T	袖口のリブ丈	＿＿＿＿ cm
G	袖幅 40%	＿＿＿＿ 目	N	プレーン地	＿＿＿＿ cm	U	（リブを含まない）袖下丈	＿＿＿＿ cm

外郭寸法（作品例）　実際の作品では、小数点以下は切り上げるか、切り捨てて、いちばん近い整数にします。

A	身頃　100%	168 目	H	袖幅（下）22–24%	40.3 目	O	境界ライン	2.5 cm
B	裾幅　90%	151.2 目	I	袖口幅 20–25%	33.6 目	P	境界ラインからマチまで	12.5 cm
C	ネックライン幅　20%	33.6 目	J	着丈	57.5 cm	Q	マチ半分の高さ	7.5 cm
D	ネックラインのボトム 15%	25.2 目	K	脇丈（裾からアームホールまで）	37.5 cm	R	襟下がり	5 cm
E	襟周り 45%	75.6 目	L	アームホール	20 cm	S	袖丈	45 cm
F	ショルダーストラップ幅 5–10%	該当なし	M	リブ丈	7.5 cm	T	袖口のリブ丈	5 cm
G	袖幅 40%	67.2 目	N	プレーン地	7.5 cm	U	（リブを含まない）袖下丈	32.5 cm

デザインを決める

はじめに胸囲を採寸します。胸囲の値に、5〜10cmまたはそれ以上のゆるみを足します。本来のガンジーは、ぴったりとフィットするスタイルのため、5cmほどのゆるみがあれば十分です。必要に応じて、最大15cmくらいまでゆるみを入れることができますが、ルーズフィットではガンジーの利点である抜群のフィット感を追求した細かな構造が活きません。

ゆるみをどのくらいにするかを迷った場合は、お気に入りのフィット感のセーターがあれば、その胸囲を測るのも1つです。その値を胸囲の値として使いましょう。セーターから採寸した場合は、すでにゆるみ分も含まれています（106ページの表は、子供と大人、それぞれの胸囲を記載しています）。

表目のゲージをとる際は、少なくとも10cm×10cmのスワッチ（試し編みの小さな編み地）を編みます。でき上がったスワッチの感触やよれ具合等、満足のいくものにならなかった場合は、違うサイズの針でもう一度編みましょう。スワッチができたら、ゲージをとります。作品例のゲージ（10cm）は、16目/24段。9号（5.5mm）針と太めの梳毛糸を使用しています。

セーターの割り出しをする

パーセンテージ法で割り出す

身頃（胸囲＋ゆるみ）のでき上がり寸法を決めたら、この値に1cmあたりの目数（例：ゲージ（10cm）が16目。つまり、1cmあたり1.6目）を掛けます。これにより、身頃の目数（100%）を割り出すことができます（外郭寸法表の計算A）。小数点以下は切り上げるか切り捨てて、いちばん近い整数にします。身頃の裾のリブ編みと袖口のリブ編みの目数は、リブ編みの繰り返し数に応じて、目数を調整する必要があります。

計算A：身頃の目数

［胸囲＋ゆるみ］× 1cmあたりの目数 ＝
身頃の目数
作品例：（100cm+5cm）× 1.6 ＝ 168目（身頃の目数）

計算Aの値を100%として、外郭寸法表の空白欄に記入します。

計算B：身頃の裾のリブ編み目数

身頃の目数× 90%＝身頃の裾のリブ編み目数
作品例：168目× 0.90＝151.2目

リブ編みの編み方によっては、この値を調整する必要があります。作品例では、リブは2目ゴム編みなので、4の倍数でちょうど割り切れます。したがって、リブ編みの目数は4で割り切れる数に調整し、152目とします。

次に、ネックライン、襟、袖、袖口の割り出しをします。外郭寸法表に割り出し値を記入します。

計算C：ネックライン幅（ネックラインの形を作る場合）

身頃の目数× 20%＝ネックライン幅（ネックラインの形を作る場合）
作品例：168目× 0.20＝33.6目

計算D：ネックラインのボトム

身頃の目数× 15%
＝ネックラインのボトム
（ステッチホルダーに休める、または伏せ止めする目）
作品例：168目× 0.15＝25.2目

計算E：襟周り

身頃の目数× 45%＝襟周り
作品例：168目× 0.45 ＝ 75.6目

計算F：ショルダーストラップ幅

身頃の目数×［5〜10%］＝ショルダーストラップ幅
作品例：ショルダーストラップは入れていません

計算G：袖幅

身頃の目数× 40%＝袖幅の目数
作品例：168目× 0.40＝67.2目

計算H：袖幅（下）

身頃の目数×［22〜24%］＝袖幅（下）
作品例：168目× 0.24＝40.3目

計算I：袖口幅

身頃の目数× 20%＝袖口幅
作品例：168目× 0.20＝33.6目

一覧表の値を使って割り出しする

セーター各部位の横幅を割り出す場合、パーセンテージ法を使うことができます。しかし、リブ丈、脇丈、アームホール丈、袖丈等、丈を求める項目の場合は、実寸値（cm）が必要です。身頃は、着心地がよい幅を割り出すために測りますが、「年齢別標準寸法一覧表」（106ページ）の数値を利用することもできます。「標準寸法そのままの」人は存在しませんので、この一覧表の値は、あくまでガイドラインとしての利用を目的とするものです。作品例をデザインしたときに、私は一覧表の値を使って割り出したのですが、新しい試みをしました。例えば、一覧表を見ると、作品例の大半は女性の大きいサイズの値に基づいています。もっとデザインしやすくなるように胸囲もシンプルに101.5〜106.5cmに増やしました（男性サイズ42だと、胸囲が106.5cmの女性には全体的に大きすぎます）。全体の数値を一覧表の値とどの程度近づけていくかは、おおよそで行っています。

身頃の目数、パーセンテージ法、そして一覧表の値を使って、必要な寸法を割り出します。

計算J：着丈

着丈＝好みの長さ、または標準寸法、またはK+Lの合計、
またはL+M+N+O+P+Qの合計

作品例：57.5cm
（リブ丈と脇丈を調整したため、
一覧表の方が長い値になっています。）

計算K：脇丈

脇丈＝好みの長さ、またはM+N+O+P+Q
作品例：37.5cm
（一覧表の値は39.5cmですが、少し短くすることに。）

計算L：アームホール

アームホール＝好みの長さ、または一覧表の値
作品例：20cm

計算M：リブ丈

リブ丈＝好みの長さ、または一覧表の値
作品例：7.5cm
（一覧表の値より長くしています。
一覧表の差は、着丈の値に反映。）

計算N：プレーン地

プレーン地＝デザインのレイアウトによって
作品例：7.5cm

計算O：境界ライン

境界ライン＝お好みの高さで、または一覧表の値
作品例：2.5cm

計算P：境界ラインからマチまで

境界ラインからマチまで＝デザインのレイアウトによって
作品例：12.5cm

計算Q：マチ半分の高さ

マチ半分の高さ＝一覧表の値÷2
作品例：15cm÷2＝7.5cm

計算R：襟下がり

襟下がり＝一覧表の値
作品例：5cm

計算S：袖丈

袖丈＝好みの長さ、または一覧表の値、またはQ+U+Tの合計
作品例：45cm
（腕が短いので、この値を使っています。）

計算T：袖口のリブ丈

袖口のリブ丈＝袖丈[S]−[Q+U]、または好みの長さ
作品例：5cm＝45cm−[7.5cm+32.5cm]

計算U：（リブ丈を含まない）袖下丈

（リブ丈を含まない）袖下丈＝袖丈[S]−[Q+T]
作品例：32.5cm＝45cm−[7.5cm+5cm]

年齢別標準寸法一覧表(cm表示)

サイズ	子供						女性					男性				
	12 mos.	2/3	4/5	6/7	8/10	12	XS	S	M	L	XL	S	M	L	XL	2XL
胸囲(+ゆるみ=A)	41.5	56	61	66	71	81.5	76	86.5	91.5	101.5	112	91.5	101.5	117	122	132
着丈(J)	25	28.5	33	37	43	47	52	56.5	58	59.5	59.5	66	67.5	70	72.5	73.5
脇丈(マチの手前)(M+N+O+P)	11.5	11.5	14	16.5	20.5	23	25.5	30	31	31.5	31.5	31.5	31.5	31.5	31.5	33
*リブ丈(M)	2.5	3.8	3.8	3.8	5	5	5	6.5	6.5	6.5	6.5	7.5	7.5	7.5	7.5	7.5
*境界ライン(O)	1.3	1.3	1.3	1.3	2.5	2.5	2.5	2.5	2.5	2.5	2.5	3.8	3.8	3.8	3.8	3.8
マチの高さ(Q×2)	7.5	10	10	10	12.5	12.5	15	15	15	15	15	15	20.5	20.5	20.5	20.5
マチ幅	3.8	5	5	5	6.5	6.5	7.5	7.5	7.5	7.5	7.5	7.5	10	10	10	10
脇丈(裾からアームホールまで)(K)	15	16.5	19	21.5	26.5	29	33	37.5	38.5	39.5	39.5	40.5	40.5	42	43	43
アームホール(L)	9.5	12	14	15	16.5	18	19	19	19	20.5	20.5	25.5	26.5	28	29	30.5
襟下がり(R)	2.5	2.5	2.5	3.8	3.8	3.8	5	5	5	5	5	6.5	6.5	6.5	6.5	6.5
袖丈(Q+U+T)	19	24	28	30.5	34.5	38	43	44.5	45	45.5	46.5	49.5	51	51	52	52
*垂直方向のショルダーストラップ幅(5-10%)	2.5	2.5	2.5	2.5	3.8	3.8	3.8	3.8	3.8	5	5	5	5	6.5	6.5	6.5

一覧表の値は概算です。一般的なガイドラインとしてご利用ください。　*個人の好みとデザインのレイアウト次第で変更することができます。

フィット感を調整する

ヒップ周りの対処

丈が腰の位置よりも長い場合は、裾幅を広くします。ヒップ周りを広くするには、セーターのサイズに合わせて、胸囲の作り目数からヒップ周りの目数を割り出します。この差が、裾を広くした分、その後必要な減目数を表しています。何目の減目をするか、またその頻度(何段ごとに減目するか)を割り出した後は、シームステッチの両側で減目しながら編みます。

例:

ゲージは28目/44段(10cm)、胸囲105cm、ヒップは115cmとします。この数値を基に割り出すと、ヒップの目数は322目、胸囲の目数は294目です。目数の差は28目。両脇にそれぞれシームステッチを入れていますので、減目はシームステッチの両側、つまり1段で4目の減目が可能です。

ヒップの目数を作り、リブ、またはガーターウェルトを編みます。それから、減目をする丈を何cmにするか決定します。ここでは、境界ラインまでの25cmの間で徐々に減目をしていくこととします。

1段で4目の減目、計28目を減らす:
28目÷1段で4目の減目=1段で4目の減目を7回
25cm×4.4段/cm=110段
110÷7=15.7段

従って、15〜16段ごとに減目(1段で4目)を行います。

後身頃を長くする

セーターの下部分のプレーン地の箇所に引き返し編みをすることで、後身頃に余分に編み地を作ることができます(144ページの掲載作品「Eriskay」と第4章を参照してください)。

身頃のチャートを作成する

チャートは、セーターに関する具体的な情報を1目1目記録するものです。市販の方眼紙、または編み物専用方眼紙（186ページの「出典と材料提供」を参照）を使い、前身頃（または後身頃）全体の目数が描けるように、方眼紙をコピーするなどしてテープで貼り付けます。ガンジーは輪編みが中心です。第4章で説明した通り、前身頃と後身頃の構造がほぼ同じなので、チャートは前後のどちらかを描けば問題ありません。

メモ：最初にケーブル模様なしのガンジーについて、次にケーブル模様が入ったガンジーについて説明します。チャートの作成方法は、バリエーションによってわずかに異なります。

方眼1つ＝1目として、セーター全周の50%の目数を横に数え、その幅に線を引きます。マチやシームステッチを後で描き込めるように、片側にスペースを空けておきましょう。身頃の目数からシームステッチの目数を引いた値、つまり模様を入れる面積のみを計算できるようにします。

計算A÷2＝前身頃（または後身頃）の目数
前身頃（または後身頃）の目数－片側のシームステッチの目数
＝ 模様を入れることができる目数
例：168目÷2＝前身頃（または後身頃）の目数は84目
84目－シームステッチ（1目）＝83目（模様を入れることができる目数）

着丈（リブ丈を含まない）を計算し、その値に1cmあたりの段数を掛けて、着丈の段数を割り出します（リブ丈は、身頃のゲージと違う場合が多いため、この割り出しには含みません）。

計算J－計算M＝着丈（リブ丈を含まない）
作品例：57.5cm－7.5cm＝50cm
50×2.4/cm＝120段

方眼紙に丈を描きます。後でリブを入れるので、裾部分にスペースを残しておきます。縦（丈）と横（幅）の線をつなげて、長方形を作成します。この長方形は、ガンジーの前身頃（または後身頃）を表します。この枠内で模様やそのほかの詳細をデザインします。リブ幅の目数を決定するには、前身頃（または後身頃）の片側だけをチャートにしますので計算Bの半分の値を使います。

計算B÷2＝前身頃（または後身頃）のリブ幅の目数
作品例：152目÷2＝76目

リブを編む際は、針のサイズが下のものを使用するため、身頃のゲージよりもゲージはきつめになります。したがって、リブ編みのスワッチ（試し編み）を編まない限り、正確に何段編む必要があるのかが不正確です。通常は、編みながら高さを測り、好きな高さ

になるまで編みます。ただし、チャートを作成する点から、少なくともチャートに描き込む記録としてリブ丈を例えば10段だけ描いておいて、実際に編むのは自分が決めたリブの長さ（計算M）を方眼紙に描き込むなどしています。

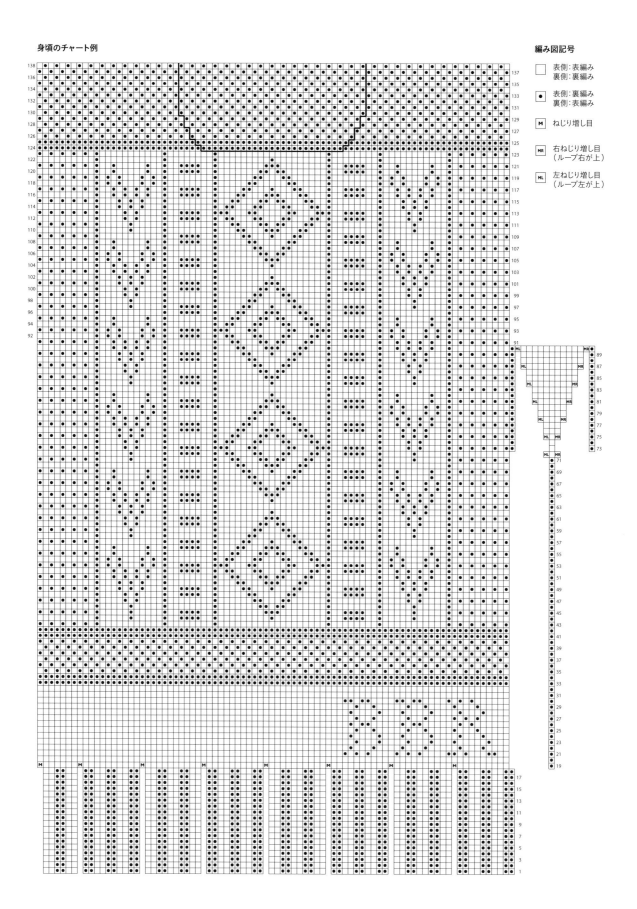

編み図記号

□	表側：表編み 裏側：裏編み
●	表側：裏編み 裏側：表編み
M	ねじり増し目
MR	右ねじり増し目 （ループ右が上）
ML	左ねじり増し目 （ループ左が上）

次に、リブを編んだ後、身頃の編み始めの増し目数を決めます。

作品例：168目×0.10＝16.8目、または16目

上記の値を2で割り、片側の身頃の増し目を割り出します。

作品例：16÷2＝8

身頃の目数を増し目数で割り、増し目が等間隔になるように間隔を決めます。

作品例：83目÷8目＝10目

チャートに描いた身頃の下部に2目ゴム編み（表編み2目×裏編み2目）を10目ずつ描き（完全に均等な間隔で割り切れることは稀なので調整します）、次の目（11目め）を空白にします。この空白のスペースは「（現時点では）編み目がない」、つまり増し目時に1目できるときのスペースを表しています。これらの空白（ここでは身頃の編み始め）には、実際に増し目をする位置がきたところに増し目記号を入れます。

次に、マチを描きます。 アームホール丈（計算L）に1cmあたりの段数を掛けます。 肩から下方向へ段数を数え、マチが身頃のどこで終わるか（実際はマチ全体の半分なので、ここはマチの中心段に該当）を決定します。

計算L×1cmあたりの段数＝肩からマチの中心までの段数
作品例：20cm×2.4段/cm＝48段

マチの増し目や減目を何段ごとにするかを割り出します。

1cmあたりの段数×計算Q
＝マチ（身頃側の下半分）の段数［計算Y］
作品例：2.4段/cm×7.5cm＝18段
（バランスをとるため実際は19段に設定）
1cmあたりの目数×マチ幅（一覧表を参照）
＝マチ幅（中心段）の目数
例：1.6目/cm×7.5cm＝12目

増し目や減目はマチの両端で行うため2目。マチ幅の数を2で割り、マチの形を作るために増し目、または減目する回数を決めます［計算Z］。

作品例：12目÷2＝マチの両端で2目の増し目を6回、
減目を6回行う。
何段ごとにマチの増し目（減目）をするか＝Y÷Z
作品例：18段÷6回増し目＝3段ごとに両端で増し目をする

アームホールの丈はすでにチャートに記載済みです。マチは、アー

ムホール編み始めの手前の最も広い幅の箇所になります。この位置からマチ半分の長さ分の段数（Y）を身頃の下方向へ数え、マチのだいたいの編み始めの位置を定めます。実際は、シームステッチの増し目する段を加味した場合、1〜2段の調整が必要になる場合があります。作品例では、マチ下半分は19段としています。

マチでいちばん幅が広い段の目数は割り出し済みです。

1cmあたりの目数×マチ幅＝マチでいちばん幅が広い段の目数［Z×2］
作品例：1.6目/cm×7.5＝12目
Z×2＝12目

通常、マチは1目の増し目から始まります。そのため、奇数目になるケースが多く、マチの目数を調整する必要があります。

作品例：12目＋1目＝13目

メモ：チャートには必ずシームステッチも含めます。

作品例では、マチの両側をシームステッチ1目で囲んでいます。そのため、マチのいちばん幅が広い段に2目を加え、身頃の目数は156目になります。90段め（肩から数えると48段め）の身頃の横にシームステッチを入れます。次に、マチ幅分として13目数え、その横にもう1目シームステッチを入れます。この段は、身頃側のマチの最後の増し目をする段であるため、この段のすぐ下の段のマチ幅は最終段よりも目数が少ない分、幅が狭くなります（編む際はチャートを下から上方向へ読みますが、チャート作成は上から下へ描くのがポイントです）。

（下方向へ見て）次の段は2目少ないため、マチはシームステッチから片側1マスずつ減り11目。次の2段は同じ幅で線を描きます（3段ごとに減目するため。［Y÷Z］）。シームステッチが1目になるまで、3段ごとに両端2目減るように線を描きます。最後に残る1目のシームステッチは、身頃の編み始めまでまっすぐ下に続きます（リブにはシームステッチはありません）。もう半分のマチは袖側です。袖のチャートを作成するときに描きます。

ネックラインの形の有無次第で、身頃のチャートの描き方にも影響します。ネックラインの形を作るのか、それとも作らないのか？ショルダーストラップは入れるか否か？等。このような詳細の決定と割り出しに関しては、第7章と第8章で詳しく説明していますので、参照のうえ、チャートに描きます（ケーブル模様をはじめとする複雑な模様は、ネックラインやアームホール近くに入れないようにデザインします）。

作品例では、ネックラインの形を作ります。ネックライン幅（計算C）の33目を身頃中央に配置。襟下がり（計算R）の位置に、ネックラインのボトム（計算D）の目数分も身頃中央に線を引きます。両側で4目ずつ減目してカーブ線を描きながらネックライン幅につなげ、チャートを完成させます。

チャートに模様を入れる

身頃の外郭が作成できたら、次は模様を描きます。私の描き方は
上から下へ、そして中心から端へと模様を展開していきます。最
初に、縦模様を入れるのか、それとも横模様するか、さらにどん
な模様を入れるのかを考えます。素敵に、そして論理的に模様を
デザインするために、第5章の「実寸大を編む」(54ページ)を参
考にしてください。イニシャルを入れる場合は、プレーン地の位置
に描き込みます。

ケーブル模様を入れない場合

ケーブル模様を入れない場合のレイアウトについて、アイデアを何
点かチャートにしています。最初の身頃のチャート(111ページ)は、
15目のダイヤモンド模様が際立つように、その両側にハシゴ模様
を配置しました。さらに外側の両端には対角線模様を左右対称に
なるように入れ、そしていちばん外側は背景模様を入れています。
さらに、模様を入れることができる83目を念頭に置きながら、デ
ザインを洗練していきます。最初のチャートはとてもあっさりした印
象なので、改良した身頃のチャート(111ページ)では、それぞれ
のモチーフが異なる方向(外向き、内向き、横向き、上下)を向く
ものを組み合わせ、よりデザインが表情豊かに見えるようにしまし
た。ダイヤモンド模様を大きくして、その中にも模様を入れ、より
多面的でインパクトがでるように。さらに直線の対角線模様の代
わりに、もっとおもしろみのある2本線のV型模様に変えました。
最後に、両端の残りの目数に合う、最初に考えたのとは違う背景
模様を選び、合計83目のデザインのレイアウトを描きました。

ケーブル模様を入れる場合

ケーブル模様を入れる場合、交差によって編み地が引き付けられ
ることで、編み地のサイズが変わることに対しての配慮が必要です。
作品例では、ケーブル模様を入れていませんので、胸囲に1cmあ
たりの目数を掛けて身幅の目数を決めました。ケーブル模様を入
れる場合においても、編み始めの段階ではケーブル模様なしと同
じですが、それはケーブル模様を編む手前までです。ケーブル模
様を編み始めるときは割り出した目数に数目増し目をする必要があ
ります。

第5章では、10cmのゲージが16目で編まれたガンジーの例を使
い、ケーブル模様を編んだときの編み地の広がりを解説しました。
幅2.5cmの6目のケーブル模様の場合、ケーブル1模様ごとに2
目の差があります(ケーブル模様は6目=2.5cm、表目の編み地は
4目=2.5cm)。そのため、身頃の目数(表目の編み地)に、6目
のケーブル1模様ごとに2目増す必要があります。これにより、ケー
ブル模様を編んだ下側が広がることを妨げ、2目増やして引き込み
分と膨らみ分のバランスを保つことが可能になります。

本章の作品例に戻り、ケーブルの広がりを考慮せずに2目交差す
る場合、ケーブル模様を入れた箇所の編み地が歪んだ結果、ケー
ブル編みを入れた箇所の寸法は最初に割り出した105cmではなく
96.25cmなります。
111ページのいちばん下のチャートを確認すると、V模様の代わり
に4本のケーブル模様を入れています。また、4本のケーブル模様
を入れたことで生じる広がりを補い、編み地周りの安定を維持す

るために、目を増やし（1ケーブル模様に対して2目）、前身頃（または後身頃）の目数を計91目にします。

$$83目（元々割り出した値）+（4ケーブル模様×2目増し目）$$
$$=83+8=91目$$

完成したデザインを、肩から下に数えて、境界ライン2.5cm、そしてイニシャルを入れるプレーン地もチャートに含めました。中央に配置するメインの模様を、見た目のバランスがよい回数を繰り返し描き、次にその両側に入れるモチーフを縦に配置、最初のチャートと次のチャートもほぼ同じ段でレイアウトを作ることができました。

ダイヤモンド模様の両端に入れたケーブル模様は、ネックラインを作ると途切れてしまいます。この場合、模様全体をもう一度デザインし直さずに、肩に延長の編み地を作り、そこに別の模様を入れることにしました。デザインのバランスをとるために、肩に境界ラインと同じ模様（ここでは鹿の子編み）を使うことにします。最後

に、ケーブル模様の交差の向きを鏡写しに修正しました。中央の模様を基点に、右側の2本ケーブル模様は一方の方向（右上交差）し、左側の2本のケーブル模様は逆の方向（左上交差）にしています。

身頃のチャートを作成したら、ケーブルの広がりを考慮し、さらに改善できます。 ケーブル模様の始まりの段で増し目をするのを忘れないように、増し目記号を追記し、増し目を入れるまではその下は目がないので、空白を作ります。また、ケーブル模様をすべて編み終えた最後の段に減目を入れ、目数が多いまま肩幅の編み地が広がってしまうことがないようにしました。

ケーブル模様入りの例（112ページ）では、リブの編み始めからケーブル模様の編み始めまで空白になっている（編み目がない）箇所があることに注意しましょう。これはケーブルの広がりを解消するための計算に基づいたものになりますので、リブ編み部分にも同様にチャートに描き込んでおく必要があります。

最初の身頃のチャート

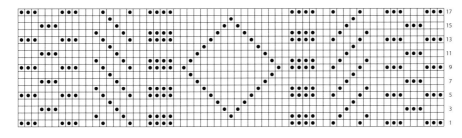

編み図記号

□	表側：表編み、裏側：裏編み
●	表側：裏編み、裏側：表編み
M	ねじり増し目
⟋⟍	右上3目交差
⟍⟋	左上3目交差

改良した身頃のチャート

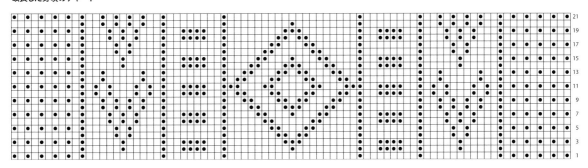

さらに改良してケーブル模様を入れたチャート

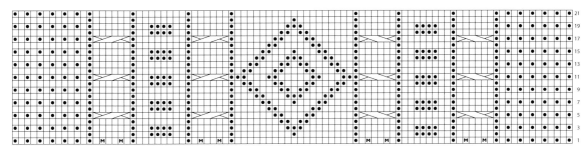

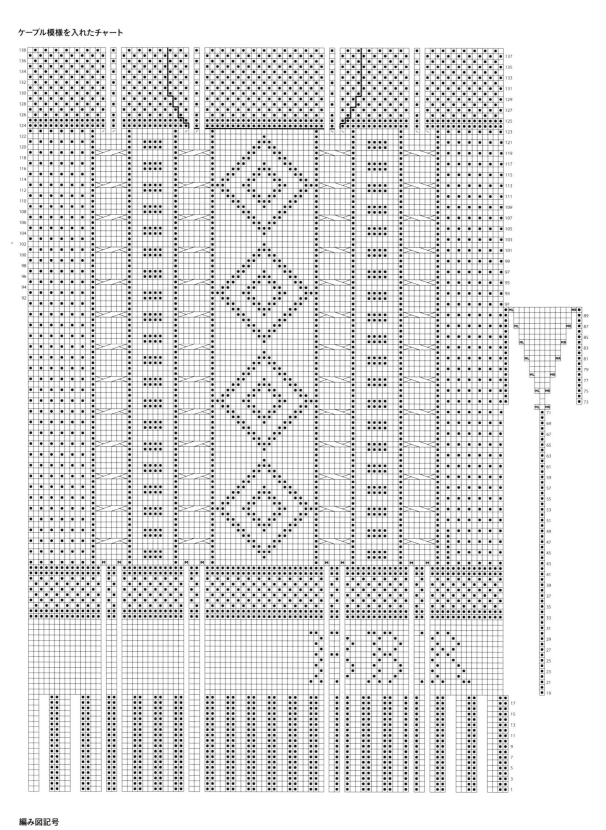

編み図記号

☐	表側：表編み、裏側：裏編み	MR	右ねじり増し目（ループ右が上）	＼	右上2目一度
●	表側：裏編み、裏側：表編み	ML	左ねじり増し目（ループ左が上）	✕	左上3目交差
M	ねじり増し目	／	左上2目一度	✕	右上3目交差

袖のチャートを作成する

メモ：袖のチャートの例は、114ページを確認してください。

個人的に、袖のチャートの作成については、身頃を編み終えた後にプランを練ってチャートにするのが好きです。そうすることで、糸、ゲージ、模様について明確に把握できているので、袖のデザインの決定において有効的だからです。しかし身頃を編み始める前に袖のチャートを作成するのがうまくいかないわけではありません。第9章を確認し、袖のチャートを作成することもできます。

最初に、アームホールから何目拾うかを決めます。拾い目の目数を決める方法は、下記の2つの方法のいずれかをします。

1. ［計算L×2］×1cmあたりの目数＝アームホールから拾う目数
作品例：［20cm×2］×1.6目/cm＝64目

2. 計算G＝アームホールから拾う目数
作品例：168目×0.4＝67.2目（この作品例では64目を採用）

ショルダーストラップを入れる場合は、ショルダーストラップに必要な目数を引きます（計算F）（81ページ）。作品例では、スリーニードル・バインドオフ（79ページ）ではぎます。

袖の外郭を方眼紙の下から描きます。下に袖幅（計算G）の外郭をとります。袖の右側には、マチを描き込みます。シームステッチと一緒にマチの上半分を描きます（マチ下半分のチャートは身頃側に作成済み。その際、最後の段のマチ幅が全幅を表しています）。身頃側のマチの最終段の幅を袖側のマチにも続け、増し目した割合を反映させて袖側で減目します。

作品例では、マチの下半分のいちばん幅が広い段の目数は、シームステッチを含めて15目。増し目は3段ごと。したがって、袖側のマチのチャートは、まず下にいちばん幅が広い段の目数（15目）を2段描き、3段めのシームステッチに挟まれたマチ幅の両端を減目、その後も3段ごとにシームステッチの内側の両端1目ずつ、2目減目します。マチの上部分と下部分は対称で、最後はシームステッチ1目残るまで減目します（作品例のように、シームステッチ1目とした場合）。減目する間隔に合わせて、袖のマチの上部分は2段追加しています。マチを編んでいる間は、袖の減目は行わずに編みますので、拾い目数のまま増減なくチャートの外郭を描きます。

次に、袖丈（リブを含まない）が何段になるのかを割り出します。

［計算S－計算T］×1cmあたりの段数＝
袖丈の段数（リブを含まない）
作品例：［45cm－5cm］×2.4段/cm＝96段

袖口のリブを含まずに、袖の段数（袖丈－袖口のリブ丈＋マチ半分の高さ）を方眼紙の上に向かって数え、リブ編みの手前（袖のいちばん下部分）に印をつけておきます。袖の外郭を描く前に、袖の減目を何段ごとにするかを割り出します（88ページ）。

袖のマチを編み終えた後の袖の目数－計算H＝
袖の減目数［計算V］
作品例：65目－41目＝24目

計算U＝減目を入れることができる袖丈
作品例：32.5cm

1cmあたりの段数×減目を入れることができる袖丈
＝減目を入れることができる袖丈の段数［計算W］.
作品例：2.4段/cm×32.5cm＝78段

減目を行う袖丈の段数÷袖の減目数＝何段ごとに減目するか
［W÷V］
作品例：78÷24＝3.25段

端数になった場合は、いちばん近い整数に切り捨てます。この場合は3。

W÷V×2＝両端で減目（2目）する場合に何段ごとに減目するか
作品例：3段×2＝6段

次に、袖の外郭を描いていきます。前述のように、袖はマチを編んでいる段は両側でまっすぐに上に線を引きます。マチの編み終わりの段で、減目または両端2目を減目の数を数え、袖口のリブ編みの編み始めの地点までチャートの両側を減らしながら描きます。

袖幅（下）の目数を数え（計算H）、線を引いたら、リブ丈（計算I、ただし、作品例のリブ編み模様の倍数にするため、数を減らし調整）を袖口幅に描き、おおよその高さ（計算T）の外郭を描きます。袖の外郭ができたので、あとは模様を描き込むだけです。袖に入れる模様は、身頃の模様と同じです。肩のはぎ線やショルダーストラップの模様をメインの模様として中心に配置し、その両側に1つまたは2つの模様を加えるといいでしょう。または、袖の編み始め、またはマチを編み終えた後に、袖の上部分に横模様を入れる等もできます。

襟を編む

個人的に、襟をチャートにすることは滅多にありません。作品例では、身頃の目数に45％を掛けて、ネックラインから何目拾うかを決めています（計算E）。ここでは75.6目。リブは2目ゴム編み（表目2目×裏目2目）（4の倍数）にするつもりであったため、4で割り切れる76目に調整しました。楽しい編み物時間を！

□　表目
●　裏目
╱　左上2目一度
╲　右上2目一度
⋀　中上3目一度
⬆　裏目の中上3目一度
✕✕　右上2目交差

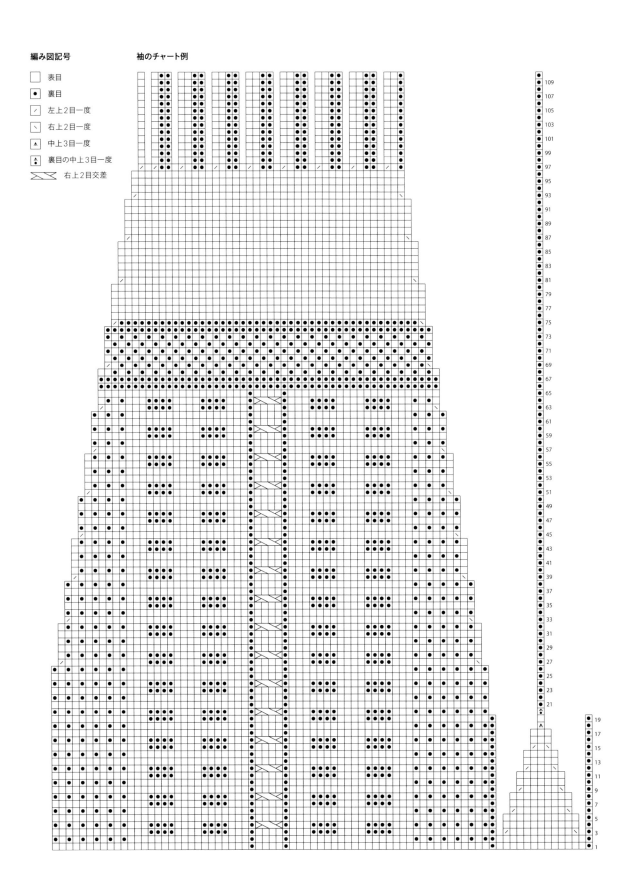

worksheet for designing a gansey
オリジナルガンジーを編むためのワークシート

作り目の方法　＿＿＿＿＿＿＿＿＿＿＿＿＿＿

リブ/ウェルト　＿＿＿＿＿＿＿＿＿＿＿＿＿＿

イニシャル　＿＿＿＿＿＿＿＿＿＿＿＿＿＿＿

境界ラインの模様　＿＿＿＿＿＿＿＿＿＿＿＿

身頃の模様　＿＿＿＿＿＿＿＿＿＿＿＿＿＿＿

シームステッチ目数　＿＿＿＿＿＿＿＿＿＿＿

脇下のマチの形　＿＿＿＿＿＿＿＿＿＿＿＿＿

肩をつなげる方法　＿＿＿＿＿＿＿＿＿＿＿＿

首のマチ　＿＿＿＿＿＿＿＿＿＿＿＿＿＿＿＿

ネックライン　＿＿＿＿＿＿＿＿＿＿＿＿＿＿

襟の編み方　＿＿＿＿＿＿＿＿＿＿＿＿＿＿＿

糸　＿＿＿＿＿＿＿＿＿＿＿＿＿＿＿＿＿＿＿

針　＿＿＿＿＿＿＿＿＿＿＿＿＿＿＿＿＿＿＿

ゲージ　＿＿＿＿＿＿＿＿＿＿＿＿＿　目（10cm）

　　　　＿＿＿＿＿＿＿＿＿＿＿＿＿　目（1cm）

　　　　＿＿＿＿＿＿＿＿＿＿＿＿＿　段（10cm）

　　　　＿＿＿＿＿＿＿＿＿＿＿＿＿　段（1cm）

デザインの概要

1. 少なくとも10×10cmの表目の編み地を編み、ゲージをとります。
2. 割り出しした値を外郭寸法表に記入します（103ページ）。
3. セーターの外郭をチャートに描きます：身頃、マチ、ネックライン
4. 身頃全周の半分（前身頃、または後身頃）に模様の配置を描きます。
5. 袖の外郭をチャートにします。袖の模様を考え、描きます。
6. 襟のスタイルを決めたら、必要に応じてチャートに描きます。

身頃（下部分）

編み始めは、＿＿＿＿＿目（計算Bを調整）で、身頃に使用するサイズより2号下げ、＿＿＿＿＿号の輪針に作り目します。リブを＿＿＿＿＿cmの高さになるまで編みます（計算M）。リブ編みの最後の段で、身頃の目数（計算A）になるように増し目します。大きいサイズの輪針に替えます。

シームステッチを含め、プレーン地＿＿＿＿＿cm（計算N）を表編みします。必要に応じて、プレーン地内でイニシャルを編みます。プレーン地を編み終えたら、境界ライン＿＿＿＿cm（計算O）を編みます。脇下までの丈（計算K）よりも＿＿＿＿＿cm（計算Q）手前まで編んだら、模様を編み始めます。

左右脇のシームステッチの位置で、＿＿＿＿＿cm（計算Q）のマチを作り始め、身頃は模様を継続しながら、マチは割り出しに基づいた頻度で増し目をします。マチの下半分が完成したら、ステッチホルダーにマチとシームステッチを移して休みます。

身頃（上部分）

ネックラインの形を作る場合は、往復編みで＿＿＿＿＿cm（計算L－計算R）編みます。ネックラインのボトム＿＿＿＿＿目（計算D）をステッチホルダーに移す、または伏せ止めします。ネックラインのボトムの両端から＿＿＿＿＿目（［計算C－計算D］÷2）を減目し、ネックラインの形を作ります。前身頃を希望の丈（計算L）になるまで編み、次に後身頃を希望の丈（計算L）になるまで編み、肩をはぎます（第8章参照）。

ネックラインの形を作らない場合は、往復編みで＿＿＿＿＿cm（計算L）編みます。必要に応じて、ショルダーストラップを入れる場合は、着丈から＿＿＿＿＿cm（計算F÷2）を必ず引いてください。希望の丈（計算L）になるまで編み、肩をはぎます（第8章を参照）。

袖

輪針を使い、休み目していたマチ（とシームステッチ）を移し、さらに袖のアームホール周り＿＿＿＿＿目（計算Gまたは［計算L×1cmあたりの目数×2］）を拾います。袖の形を作るための割り出しをします（第9章参照）。減目をしながら、マチを＿＿＿＿＿cm編みます（計算Q）。袖の形を減目して作りながら＿＿＿＿＿cm編みます。（計算U）、模様、境界ライン、そしてプレーン地と、デザインに沿って編み進めます。袖丈が＿＿＿＿＿cm（計算Q＋計算U）まで編んだら、次の段で針にある目を20％以上等間隔に減目し、合計＿＿＿＿＿目にします（計算I）。袖口のリブ編みを希望の高さになるまで編み（計算T）、リブ編みの編み方に沿ってゆるめに伏せ止めします。

襟

ネックラインから＿＿＿＿＿目（計算E）を拾います。お好みの編み方で、希望の高さの襟になるまで編みます（第10章参照）。

the patterns 作品集

メアリー・ライト著『 *Cornish Guernseys & Knit-Frocks* 』（1979年）を見ると、ガンジーを着てコンサーティーナを演奏する少年の写真があります。この作品と同じ模様に「ミュージシャン」という名が付いていました。梳毛糸を使ったこちらの作品も、昔のガンジーのように、脇下にマチを作り、ドロップショルダーの形をそのままデザインしています。セーターの構造と模様は簡単ですので、編み物経験者にはとても編みやすいデザインかと思います。

musician

ミュージシャン

でき上がりサイズ

胸囲
87.5［98、108、118、128.5、138.5］cm

丈
54［58、61、61.5、64、66.5］cm

写真の掲載作品の胸囲は98cm

糸

#4 アランウエイト
784［957、1091、1204、1364、1530］m

使用糸：Quince & Co. Osprey（クインス＆カンパニー / オスプレイ）アメリカンウール100％
155m / 100g

カラー：ダムソン（濃い紫）
6（7、8、8、9、10）カセ

針

8号（4.5mm）、11号（5.5mm）：輪針40cmと80cm、棒針4〜5本

正しいゲージになるように、必要に応じて針のサイズを調整してください。

そのほかの用具

ステッチマーカー
とじ針
ステッチホルダー（または別糸）

ゲージ

表目の編み地（11号）：16目24段（10cm）

本作品に登場するテクニック

ガーター編みのシームステッチ、脇下のマチ、ねじり増し目、リブ編みの襟（ダブル）

作り方メモ

このセーターは、元々、女性用サイズでした。男性用は、アームホール丈を長く編むようにと指示があります。着丈を調整する場合は、マチの位置や糸量を考慮する必要があります。変更前に外郭寸法表を確認してください。

この作品は、作り目からアームホールまで輪に編み、脇下にマチを作ります。マチを編んだら、前身頃と後身頃に分け、それぞれ往復編みします。肩はスリーニードル・バインドオフ（79ページ）ではぎ、アームホールから目を拾い、袖口まで編みます。最後にネックラインから目を拾い、襟を編みます。

チャート：身頃

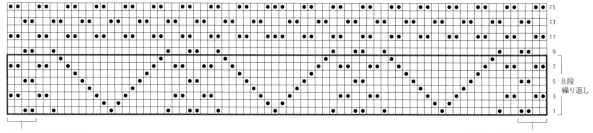

0 (1,2,3,4,5)回繰り返し

8段
繰り返し

0 (1,2,3,4,5)回繰り返し

身頃のリブ編みをする

8号輪針80cmを使い、ロングテール・キャスト
オン（21ページ）で120（136、148、164、180、
192）目を作ります。編み始めの位置にステッチ
マーカーを付け、目がねじれないように注意し
ながら輪編みします。下記の通り、高さ7.5cm
になるまで2目ゴム編みします。

全段：*裏編み2目、表編み2目*、*～*を繰
り返す

身頃（下部分）を編む

11号輪針に替えます。表目の編み地（全段表編
み）を編みます。編み始めの段では、等間隔に
18（18、22、22、22、26）目増し目しながら編み
ます。→138（154、170、186、202、218）目に
なります。

1段め：*表編み2目（シームステッチ）、マーカー
を付ける（以降「マーカーを付ける」はPMと表
記）、表編み67（75、83、91、99、107）目、
PM*、*～*を繰り返す

2段め：裏編み2目（シームステッチ）、マーカー
を移す（以降「マーカーを移す」はSMと表記）、
表編み67（75、83、91、99、107）目、SM*、
*～*を繰り返す

上記の1～2段めを繰り返しながら、編み始め
から10［16、18、18.5、19、19.5］cmになる
まで編みます。

メモ：高さを調整する場合は、プレーン地で調
整します。

次段：*シームステッチ2目、SM、サイズに合
わせてチャートの右端から指示にしたがって模
様編み1段めを67（75、83、91、99、107）
目編む、SM*、*～*を繰り返す

編み始めから28［31.5、32.5、29、30.5、31.5］
cmになるまで模様を編みます。シームステッ
チ2目が裏目2目を編む段で終わります。

マチ（身頃側の下部分）を編む

1段め：*表編み1目、左ねじり増し目、表編み
1目、SM、次のSMまでチャートの指示にした
がって編む*、*～*を繰り返す →目数の合計
は140（156、172、188、204、220）目、各マ
チは3目になります。

2段め：*裏編み1目、表編み1目、裏編み1目、
SM、次のSMまでチャートにしたがって編む*、
*～*を繰り返す

3段め：（マチ編みも含み）*表編み1目、右ね
じり増し目、表編み1目、左ねじり増し目、表
編み1目、SM、次のねじり増し目とSMまでチャー
トにしたがって編む* *～*を繰り返す→マチ
の目が4目増えました。

チャートの指示にしたがって編み進め、マチ（身
頃側の下半分）の4段～19（19、19、25、25、
25）段めを編みます。 →計164（180、196、
220、236、252）目になります。そのうち、マチ
はそれぞれ15（15、15、19、19、19）目。マ
チの15（15、15、19、19、19）目をステッチホル
ダー（または別糸）に移し、さらに前身頃67
（75、83、91、99、107）目も別のステッチホル
ダー（または別糸）に移します。→針には、後身頃
の67（75、83、91、99、107）目があります。

身頃（上部分）を編む

後身頃を編む

前身頃、後身頃を別々に往復編みします。アー
ムホールが15［16.5、18、19、20.5、21.5］
cm、または希望のアームホール丈の2.5cm手
前までチャートの指示にしたがって編み、編み
終わりがチャートの8段めで終わるようにします。

引き続き、チャートにしたがって9段～13段
めを編みます。

後身頃のネックラインを編む

次段（14段め）：19（21、25、27、29、32）目

を編む、次の29（33、33、37、41、43）目（ネッ
クラインのボトム）を伏せ止め、19（21、25、
27、29、32）目を編む

次段（15段め）：伏せ止めした端まで編み、糸
を切り、ステッチホルダーに目を移す

もう片方のネックライン側に糸をつけ、同じよ
うに15段めを編んだら、ステッチホルダーに目
を移します。

前身頃を編む

休めていた前身頃67（75、83、91、99、107）
目を輪針に戻します。 後身頃よりも5［5、5、
6.5、6.5、6.5］cm短いところまで編みます。

前身頃のネックラインを編む

次段：23（25、29、31、33、36）目編む、新
たな糸玉から糸をつけ、21（25、25、29、33、
35）目（ネックラインのボトム）伏せ止め、編み
終わりまで編む →左右の肩の目は、それぞれ
23（25、29、31、33、36）目になります。

左右の肩を別々の糸玉で編み、表側を見て編
む段でネックライン側の端で4回減目、それぞれ
の肩の目が19（21、25、27、29、32）目に
なるまで編みます。同時に、前身頃が後身頃よ
り2.5cm短い場合は、チャートの9～15段を
編みます。

肩をはぐ

休めていた後身頃19（21、25、27、29、32）
目を棒針に戻します。前後の編み地を中表に
左手に持ちます（はぎ線が裏側にできます）。
スリーニードル・バインドオフ（79ページ）では
ぎます。もう片側も同じように行います。

袖を編む

休めていたマチの15（15、15、19、19、19）
目を40cm輪針に戻します。

チャート：マチ（身頃側の下部分）

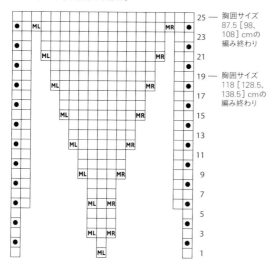

25 — 胸囲サイズ
87.5［98、
108］cmの
編み終わり

19 — 胸囲サイズ
118［128.5、
138.5］cmの
編み終わり

チャート：マチ（袖側の上部分）

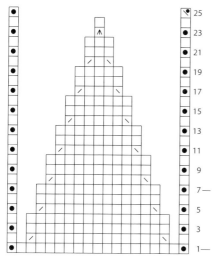

7 — 胸囲サイズ
87.5［98、
108］cmの
編み始め

1 — 胸囲サイズ
118［128.5、
138.5］cmの
編み始め

編み図記号

☐	表目	∧	中上3目一度
●	裏目	☑	裏目のねじり左上2目一度
╱	左上2目一度	ML	左ねじり増し目（ループ左が上）
╲	右上2目一度	MR	右ねじり増し目（ループ右が上）

男性サイズに調整する場合

男性サイズを編む場合、編み始めから25.5
［28、28.5、25.5、26.5、28］cmになるまで身
頃の下部分を編んだら、マチを編み始め、アー
ムホールの丈を20.5［23、24、25.5、26.5、
28］cm編みます。丈を長くするなら、長くし
たい分を身頃の下部分に加えてください。

外郭寸法表

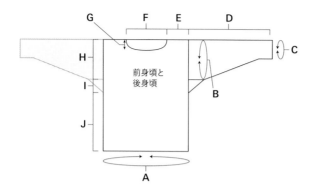

A 87.5 [98、108、118、128.5、138.5] cm

B 37.5 [40、42.5、45、47.5、50] cm

C 18 [18、20.5、20.5、23、25.5] cm

D 43 [45、45.5、46.5、47、48.5] cm

E 12 [13.5、16、17、18.5、20.5] cm

F 18.5 [21、21、23.5、26、27.5] cm

G 5 [5、5、6.5、6.5、6.5] cm

H 18 [19、20.5、21.5、23、24] cm

I 8.5 [8.5、8.5、11、11、11] cm

J 28 [31.5、32.5、29、30.5、31.5] cm

チャート:袖

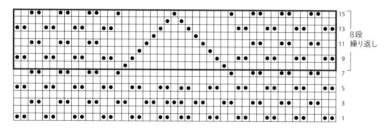

8段
繰り返し

編み図記号

□ 表目　　● 裏目　　▢ 模様の繰り返し

拾い目段: 編み地の表側を見て糸をつけ、マチ（身頃側の下部分）のチャートの7 (7、7、1、1、1)段めから編み始める、PM

女性サイズの場合

アームホールから均等に57 (61、65、69、73、77) 目を拾い、編み始めの位置にマーカーを付け、輪に編みます。→72 (76、80、88、92、96)目になります。

次段: マチ（袖側の上部分）のチャートの8 (8、8、2、2、2)段め、SM、表編み6 (8、10、12、14、16)目、PM、袖のチャートの1段めを編む、PM、6 (8、10、12、14、16)目表編み →マチの目が2目減りました。

メモ:袖のチャートのシェブロン（山形模様）の中心が、肩のはぎ線にくるように調整します。

男性サイズの場合

アームホールから均等に65 (73、77、81、85、89)目を拾い、輪に編み始めます。→合計80 (88、92、100、104、108)目になります。

次段: マチのチャート（袖側上部分）の8 (8、8、2、2、2)段め、SM、表編み10 (14、16、18、20、22)目、PM、袖のチャートの1段めを編む、PM、10 (14、16、18、20、22)目表編み →マチの目が2目減りました。

メモ:袖のチャートのシェブロン（山形模様）の中心が、肩のはぎ線にくるように調整します。

全てのサイズ共通

マチ（袖側の上部分）のチャート9 (9、9、3、3、3)段〜25段め、続けて袖のチャートの2段〜15段めを編み、15段め以降は8〜15段めを繰り返します。その際、マチと模様編みの間の目は表編みします。
→女性サイズは59 (63、67、71、75、79)目、男性サイズは67 (75、79、83、87、91)目になります。どちらにも両側にそれぞれシームステッチ2目があります。

シームステッチ2目を維持しながら、袖のチャートに従って、増減なく4段平らに編みます。

減目段: シームステッチ2目、右上2目一度、編み終わりの2目手前まで編む、左上2目一度 →袖の目が2目減りました。

袖の減目:女性サイズ

上記の減目段を5段ごとに10 (6、6、0、0、0)回、4段ごとに2 (8、8、14、14、16)回、さらに2段ごとに0 (0、0、2、2)回行います。→33 (33、37、37、41、45)目になります。
袖丈が約35.5 [37.5、38、38.5、39.5、40.5] cmになるまで、または目を拾った位置から好き

な長さまで増減なく平らに編みます。

8号棒針に替えます。

減目段: 等間隔に5目を減目しながら表編み
→28（28、32、32、36、40）目になります。

2目ゴム編みを7.5cmの高さになるまで編みます。リブを編む際は、シームステッチ2目がリブ編みの裏目2目になるようにします。リブ編みの編み方をしながら、ゆるめに伏せ止めします。

袖の減目:男性サイズ
上記の減目段を4段ごとに16（18、19、19、20、21）回、2段ごとに0（0、1、1、0、1）回行います。→33（37、37、41、45、45）目になります。

袖丈が約38［42、44.5、47、48.5、49.5］cmになるまで、または拾い目から好きな長さになるまで増減なく平らに編みます。

8号棒針に替えます。

減目段: 等間隔に1（5、1、5、5、5）目を減目しながら表編みします。→32（32、36、36、40、40）目になります。

2目ゴム編みを7.5cmの高さになるまで編みます。リブを編む際は、シームステッチ2目がリブ編みの裏目2目になるように編みます。リブ編みの編み方をしながら、ゆるめに伏せ止めします。

襟を編む

8号輪針40cmまたは棒針を使い、編み地の表側を見て左肩のはぎ線からスタートして9（9、9、11、12、11）目拾います。続けて左前のネックラインから21（25、25、29、31、35）目、右前のネックラインから9（9、9、11、12、11）目、さらに後身頃から29（33、33、37、41、43）目拾います。←68（76、76、88、96、100）目になります。編み始めの位置にマーカーを付け、輪に編み始めます。
2目ゴム編みを7.5cmの高さになるまで編みます。編んだ襟を裏側に半分に折り、裏側で1目ずつ縫い付けます。

仕上げをする

糸端を始末します。指定寸法にブロッキングします。

この作品は、シンプルな表目/裏目を組み合わせた模様が横並びに配置され、昔のガンジーによく見られるスタイルです。縦に複数の模様が並んだレイアウトとは違って、横の場合は前身頃と後身頃で1模様が連続するため、模様を追いやすく編みやすいかと思います。この作品の脇下のマチは大変珍しく、マチそのものは裏目を編み、シームステッチは計6目、マチの両端を2目で囲い、さらに残りの2目は中央に配置されているのが特徴的です。伝統的な糸を使って編んでいますが、ゲージは本来のような28目/10cmではなく、24目/10cmとゆるめのテンションで編んでいます。

newhaven

ニューヘブン

でき上がりサイズ

胸囲
86.5［96.5、106.5、117、127、137］cm

丈
52［58、59.5、60.5、63、65.5］cm

写真の掲載作品の胸囲は96.5cm

糸

#2 スポーツウエイト
1106［1372、1571、1734、1961、2203］m

使用糸：Frangipani 5-ply Guernsey（フランジ
パニ　5プライ　ガーンジー）ウール100%
220m / 100g

カラー：（写真左）ピューター、
（写真右）ピスタチオ
6（7、8、8、9、11）玉

針

2号針（2.75mm）：輪針40cm、
棒針4～5本
4号針（3.25mm）：輪針40cmと80cm、
棒針4～5本

正しいゲージになるように、必要に応じて針の
サイズを調整してください。

そのほかの用具

ステッチホルダー（または別糸）
ステッチマーカー
とじ針

ゲージ

表目の編み地（4号）：24目36段（10cm）

本作品に登場するテクニック

チャネルアイランド・キャストオン（19ページ）、
ガーターウェルト、シームステッチ6目、横模様
のレイアウト、裏編みのマチ（両端、中央に各2
目のシームステッチ）、形を作らないネックライン、
スリーニードル・バインドオフ（79ページ）、逆三
角ネックのマチ、SSKバインドオフ（126ページ）

作り方メモ

この作品は5～10cmのゆるみを入れています。
これ以上のゆるみを加えたい場合は、ひとつ上
のサイズを編むことをおすすめします。セーター
の丈を短く、または長くする場合は、身頃や袖の
プレーン地で調整します。

ステッチガイド

SSKバインドオフ

1. 右上2目一度
2. （表編みをするように針を入れて）すべり目
3. 右針2目の手前に左針の先端を入れる
4. ねじり左上2目一度
5. 1.〜4.を繰り返す

ガーターウェルトを編む

4号輪針80cmを使って、チャンネルアイランド・キャストオン（19ページ）で204（228、252、276、300、324）目作ります。編み始めの位置としてステッチマーカーを付け、目がねじれないように注意しながら輪編みします。高さが3.2cmになるまでガーター編み（裏編み1段、表編み1段）します。

身頃（下部分）を編む

表目の編み地（全段表編み）になるように、12.5［13.5、13.5、16、17］cm編みます。

イニシャルを入れる場合は、ガーターウェルトを編んだ後、表目の編み地を2.5cm編んだ後から始めます。イニシャルは、段の編み始め（前身頃の左下側）13目めから編み始めます。31ページの「イニシャルチャート」や35ページの「アルファベットチャート」を使用して、チャートにイニシャルを描きます。

セットアップ段:「チャート：模様1」を編み始めます。*96（108、120、132、144、156）目、マーカーを付ける（以降「マーカーを付ける」はPMと表記）、シームステッチ表目6目、PM*、*〜*を繰り返す

同時に、編み始めから31.5［37、36、35.5、35.5、35.5］cm編めたら、マチを編み始めます。

全サイズ共通

61段め（模様1：パターンC）で、前身頃と後身頃をそれぞれで等間隔に1（5、1、5、1、5）目増し目します。→前身頃と後身頃はそれぞれ97（113、121、137、145、161）目になります。
89段め（模様1：パターンC）で、前身頃と後身頃のそれぞれから1（5、1、5、1、5）目減目します。

前身頃、後身頃共通

パターンCでは、（61段めで）増し目をしたので、

各段の最後の目（シームステッチのマーカーの手前）は、チャートの1目めの目が編み終わりの目に相当し、模様を編みます。

マチ（身頃側の下部分）を編む

セットアップ段:*マーカーの手前まで編む、マーカーを移す（以降「マーカーを移す」はSMと表記）、表編み2目、ねじり増し目（裏目）、表編み2目、ねじり増し目（裏目）、表編み2目、SM*、*〜*を繰り返す →マチの目が4目増えました。

2段め、3段め: *マーカーの手前まで編む、SM、［表編み2目、裏編み1目］×2、表編み2目、SM*、*〜*を繰り返す

4段め:（増し目段）*チャートの指示にしたがってマーカーの手前まで編む、SM、表編み2目、ねじり増し目（裏目）、裏編み1目、表編み2目、裏編み1目、ねじり増し目（裏目）、表編み2目、SM* *〜*を繰り返す →マチの目が4目増えました。

マチのチャートの指示にしたがって、5段〜26（26、26、26、35、35）段め、**同時に**身頃は引き続き模様1を編み進めます。

ステッチホルダー（または別糸）に、マチ24（24、24、24、30、30）目を移し、別のステッチホルダー（または別糸）に後身頃97（113、121、137、145、161）目を移します。→針には前身頃の97（113、121、137、145、161）目があります。

編み図記号

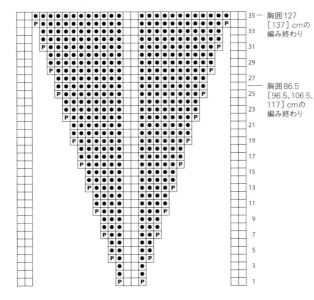

☐	表側：表編み 裏側：裏編み
●	表側：裏編み 裏側：表編み
P	ねじり増し目 （裏目）

チャート：マチ（身頃側の下部分）

35 — 胸囲127
[137] cmの
編み終わり

— 胸囲86.5
[96.5、106.5、
117] cmの
編み終わり

チャート：模様1　　チャート：模様2

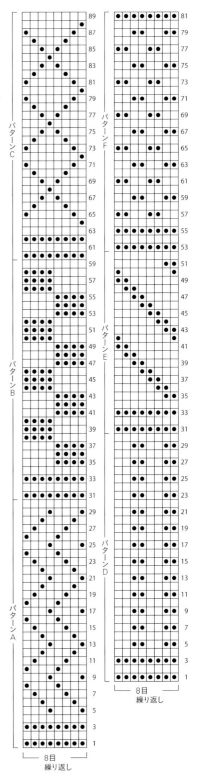

パターンC

パターンB

パターンA

8目
繰り返し

パターンF

パターンE

パターンD

8目
繰り返し

この時点で、編み始めから約38.5［44.5、44、43、45.5、45.5］cmになります。

身頃（上部分）を編む

前身頃を編む

前身頃を往復編みで編み始めます。チャートの模様すべてを編みます。ステッチホルダーに前身頃の目を移します。

後身頃を編む

休めていた後身頃97（113、121、137、145、161）目を針に戻します。 糸をつけ、前身頃と同様に編みます。

肩をはぐ

右肩と首のマチ

前身頃の32（36、40、44、48、52）目を棒針に移し、後身頃の32（36、40、44、48、52）目も別の棒針に移します。または、輪針80cmを使う場合は、前後の肩を1本の輪針に移して、それぞれのアームホール側が両端の針先にくるようにします。

前後の身頃を中表（右前の裏が自分に向いている状態）にしたものを左手に、別の棒針を右手に持ち、アームホール側で糸をつけ、スリーニードル・バインドオフ（79ページ）で肩をはぎます

が、左針の目を前後それぞれ7目残します（このとき、右針には1目あります）。前後の身頃を外表にします。

表側を見ながら、1目残っている針を右手に持ち、もう一方（前後の肩の目）を左手に持ちます。首のマチを下記の通りに編みます。チャート（128ページの首のマチ）も確認しましょう。

1段め：（表側）首のマチのチャートの1目めを右針にある1目とし、肩の目を表編み1目、編み地を返す

2段め：（裏側）糸を手前にして裏編みをするように針を入れてすべり目1目、裏編み1目、前肩の目を裏編み1目、編み地を返す

3段め：（表側）糸を向こう側にして表編みをするように針を入れてすべり目1目、表編み2目、後肩の目を表編み1目、編み地を返す

上記のように、次ページの「チャート：首のマチ」の指示にしたがって4段〜15段めを編みます。→15段めまで編むと、首のマチが15目になります。マチ15目をステッチホルダーに移して休めます。

左肩と首のマチ

右肩のはぎと同様に、前後の身頃を中表（左後の裏側が自分に向いている状態）にしたものを左手に持ちます。アームホール側から糸をつけ、スリーニードル・バインドオフで肩をはぎますが、

外郭寸法表

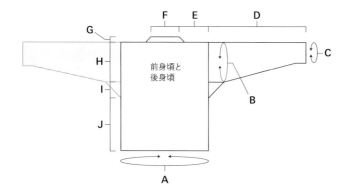

A	86.5 [96.5、106.5、117、127、137] cm
B	42.5 [42.5、45、45.5、45.5、48.5] cm
C	19.5 [22、23.5、26、28、30] cm
D	48.5 [50、51.5、51.5、51.5、51.5] cm
E	13.5 [15、17、18.5、20.5、22] cm
F	13.5 [15、17、18.5、20.5、22] cm
G	3.2cm
H	19 [19、20.5、21、21、22] cm
I	7.5 [7.5、7.5、7.5、10、10] cm
J	31.5 [37、36、35.5、35.5、35.5] cm

左針の目を前後それぞれ7目残します（このとき、右針には1目あります）。前後の身頃を外表にします。

表側を見ながら、1目残っている針を右手に持ち、もう一方（前後の肩の目）を左手に持ち、右肩と同様に首のマチを編みます。15段めまで編んだら、糸を切ります。

襟を編む

2号輪針で、後身頃の表側を見て糸をつけ、後身頃から32（36、40、44、48、52）目、左側の首のマチ15目、前身頃から32（36、44、48、52）目、そして右側の首のマチ15目を拾います。→94（102、110、118、126、134）目になります。
編み始めの位置にマーカーを付け、輪に編みます。

次段: *表編み1目、裏編み1目*、* 〜 *を繰り返す

襟のリブ丈が2.5cmまたは希望の高さになるまで上記を繰り返します。
SSKバインドオフ（126ページのステッチガイド参照）で、ゆるめに伏せ止めします。

袖を編む

4号輪針40cmを使い、表側を見ながら、マチの目24（24、24、24、30、30）目、PM、アー

チャート：マチ（袖側の上部分）

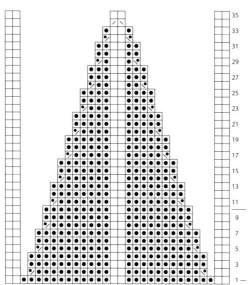

— 胸囲サイズ86.5（96.5、106.5、117）cmの編み始め

— 胸囲サイズ127（137）cmの編み始め

チャート：首のマチ

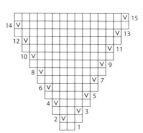

編み図記号

☐	表側：表編み、裏側：裏編み
●	表側：裏編み、裏側：表編み
╱	左上2目一度
╲	右上2目一度
╱•	裏目の左上2目一度
╲•	裏目の右上2目一度
V	表側：糸を向こう側にしてすべり目 裏側：糸を手前にしてすべり目

ムホールから均等に94（94、100、102、102、108）目（2目拾って1段飛ばすリズム）を拾います。→118（118、124、126、132、138）目になります。
編み始めの位置にマーカーを付け、輪に編みます。

次段：マチ（袖側の上部分）のチャートを見て10（10、10、10、1、1）段めを編む、SM、模様2の53段めを編む

チャートの指示にしたがって、マチ（袖側の上部分）を35段めまで、模様2を54段～80段め（パターンF）を編みます。マチを35段めまで編んだら、シームステッチ6目は表目を維持しながら、模様2（パターンE）の31段～52段め、模様1（パターンB）31段～59段め、模様1の11段～33段め（パターンA～パターンBの3段めまで）を編んだら、以降は表目の編み地になるように編みます。**それと同時に、マチを編み終えた後は、上記パターンを編みながら袖の減目を行います。**→マチを編み終えた時点で、針に100（100、106、108、108、114）目があります。そのうち、シームステッチは6目。残りの94（94、100、102、102、106）目から減目を行います。

減目段：表編み6目、SM、左上2目一度、チャートの指示にしたがって次のシームステッチの2目手前まで編む、右上2目一度　→袖の2目が減りました。

上記の減目段を5（5、5、6、6、6）段ごとに15（11、12、22、20、21）回、次に4（5、5、0、0、0）段ごとに11（12、12、0、0、0）回繰り返します。→46（52、56、62、66、70）目になります。

メモ：目数が少なくなり輪針で編みにくい場合は棒針に替えて対応してください。

袖丈が43［45、46.5、46.5、46.5、46.5］cm、または希望の丈より5cm短い丈になるまで、増減なく平らに編みます。

袖口のリブを編む

2号棒針に替えます。

次段：*表編み1目、裏編み1目*、*～*を繰り返す

リブ丈が5cm、または希望の丈になるまで上記を繰り返します。ゆるめに伏せ止めします。

仕上げをする

糸端を始末します。指定寸法にブロッキングします。

長男が幼い頃、彼のために糸を紡ぎセーターを編んだことがありました。その頃は、オリジナルのデザインは初心者の域で、ネックラインが小さく仕上がってしまいました。私の編んだセーターを身に付けた家族写真が欲しいあまりに、長男の頭を小さいネックラインにグリグリと無理やり押し込もうとしたのです。かわいそうに、子供の耳は痛々しく押しつぶされ、そのときのことが長男にとって苦い思い出となってしまったのか、セーターに対して強い嫌悪感を抱くことになったのではと内心感じています。というのも、あのとき以来、セーター類はクローゼットにしまいっぱなしの気がしているのです。この作品は、長男へ捧げる和解の贈り物といったところでしょうか。この素晴らしいセーターをもう一度、もう耳を押し込む必要なく試着してほしいという願いを込めました。この作品は、シンプルな作業服としてのレプリカになるようなイメージでデザインしました。面倒な編み方などは含まず、しかし丈夫で耐久性に優れたリブ編みを入れて、まさにクラシックなガンジーといえます。

jorn's gansey

ジョーンズ・ガンジー

でき上がりサイズ

胸囲
91.5［101.5、112、122、132］cm

丈
61.5cm

写真の掲載作品の胸囲は101.5cm

糸

#2 スポーツウエイト
1449［1610、1772、1960、2095］m

使用糸：Wendy Guernsey 5-Ply（ウェンディ
ガーンジー　5プライ）ウール100%
224m／100g

カラー：ネイビー（#520）
7（8、8、9、10）玉

針

4号針（3.25mm）：輪針40cmと80cm、
棒針4〜5本

正しいゲージになるように、必要に応じて針の
サイズを調整してください。

そのほかの用具

ステッチマーカー
ステッチホルダー（または別糸）
とじ針

ゲージ

表目の編み地：24目34段（10cm）
2目ゴム編み：26目（10cm）

本作品に登場するテクニック

マルチストランド・キャストオン（22ページ）、ショ
ルダーエクステンション、スリーニードル・バイン
ドオフ（79ページ）

作り方メモ

リブ編みは2目ゴム編みで、マルチストランド・キャ
ストオンで補強します。リブ編みの後は、シーム
ステッチは4目、プレーン地が長く続きます。模
様編みと脇下のマチを同じ段から始めます。ネッ
クラインには形を作りません。つまり、前身頃の
ネックラインの目をホルダーに移し、肩の部分を
長く編み、前後肩のはぎ線が表側になるようには
ぎます。ネックラインから拾い目し、リブ編みをし
てから、襟はロールカラーのスタイルに仕上げま
す。アームホールから袖の目を拾い、上部分にリ
ブ編みの模様を編みます。袖口もリブ編みし、袖
の裾も、襟と同様にロールするように編みます。
プレーン地（表目の編み地）で身頃や袖の丈を簡
単に調整することが可能です。

ステッチガイド

シームステッチ

輪編みの場合

1段め：表編み3目、裏編み1目

2段め：裏編み1目、表目3目

上記の1段〜2段めを繰り返します。

 2段繰り返し

2目ゴム編み

輪編みの場合

全段：*表編み2目、裏編み2目*、
*〜*を繰り返す

 この段を繰り返し

4目繰り返し

往復編み(平編み)の場合

1段め：(表側) *表編み2目、裏編
み2目*、*〜*を編み終わりの2目
手前まで繰り返す、表編み2目

2段め：(裏側) *裏編み2目、表編
み2目*、*〜*を編み終わりの2目
手前まで繰り返す、裏編み2目

上記の1段〜2段めを繰り返します。

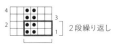 2段繰り返し

4目繰り返し

身頃（下部分）を編む

リブ編み

次の通り、ロングテール・キャストオン（21ペー
ジ）をマルチストランド・キャストオン（22ページ）
で作り目します。1. 4つの糸玉から、それぞれ
糸端を取り出し、4本まとめて10cmほど糸端を
残してスリップノット（動く結び目）を作ります。2.
親指、人さし指、それぞれに2本の糸をかけます。
3. 80cm輪針に216（240、264、288、312）目
作ります。目数を数えるときはスリップノットを含
まずに指定目数を作ります。

4本のうち、2本を手から離し、スリップノットを
ほどきます。編み始めの位置にマーカーを付け、
ねじれないように注意しながら、残りの2本の
糸で、2目ゴム編みを6段輪に編みます。

6段編んだら、2本どりして編んでいるうちの1
本を手から離します。残りの1本でリブの高さ
が編み始めから7.5cmになるまで編みます。

プレーン地（表目の編み地）

1段め：マーカーを外す、表編み3目、裏編み1
目、マーカーを付ける（以降「マーカーを付ける」
はPMと表記）、表編み104（116、128、140、
152）目、PM、表編み3目、裏編み1目、PM、表
編み104（116、128、140、152）目、新たな編
み始めの位置としてPM

2段め、4段め：裏編み1目、表編み3目、マーカー
を移す（以降「マーカーを移す」はSMと表記）、
次のマーカー位置まで表編み、SM、裏編み1
目、表編み3目、SM、編み終わりまで表編み

3段め：*表編み3目、裏編み1目、SM、次のマー
カー位置まで表編み、SM*、*～*をもう一度
繰り返す

イニシャルを入れる場合は、31ページのチャー
トの空白欄を使って、ちょうどよい文字間の間
隔を入れながら描き込みます。表編みを2.5cm
編んだあと、編み始めの10目から文字を入
れるのがおすすめです。

編み始めから32.5 [31、30、28.5、27.5] cm
になるまで編み、3段めの編み方で編み終わり
ます。

模様と脇下のマチを編む

1段め：*マチ（身頃側の下部分）のチャート1段
めを編む、SM、［表編み2目×裏編み2目］を
編みながら次のマーカー位置までに等間隔に
2目増し目、SM*、*～*をもう一度繰り返す
→224（248、272、296、320）目になります。
そのうち、前身頃と後身頃それぞれ106（118、

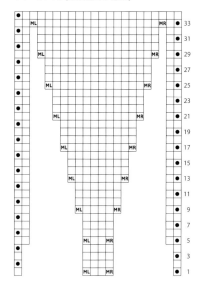

チャート：マチ（身頃側の下部分）

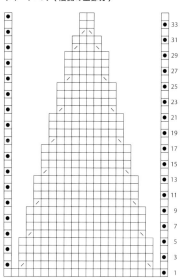

チャート：マチ（袖側の上部分）

編み図記号

☐	表側：表編み、裏側：裏編み	ML	左ねじり増し目	╱	左上2目一度	
●	表側：裏編み、裏側：表編み	MR	右ねじり増し目	╲	右上2目一度	

130、142、154）目、マチ（シームステッチを含
む）はそれぞれ6目。

2段め：*表編み5目、裏目1目、SM、［表編
み2目×裏編み2目］を次のマーカーの2目手前
まで繰り返す、表編み2目、SM *、*～*をも
う一度繰り返す

3段め：*裏編み1目、表編み5目、SM、［表
編み2目×裏編み2目］を次のマーカーの2目
手前まで繰り返す、表編み2目、SM *、*～*を
もう一度繰り返す

前身頃と後身頃は2目ゴム編みを続けながら、
マチ（身頃の下部分）のチャート4段～34段め
を編みます。→256（280、304、328、352）目
になります。そのうち、前身頃と後身頃それぞ
れ106（118、130、142、154）目、マチ（シーム
ステッチを含む）はそれぞれ22目。

身頃（上部分）を編む

前身頃と後身頃を分ける

ステッチホルダー（または別糸）にマチの22目
を休めます。編み地を返し、後身頃の裏側を
見ながら、マーカーの位置（身頃の編み終わり）
まで編みます。もう片側のマチ22目も別のステッ
チホルダー（または別糸）に移し、次に前身頃

106（118、130、142、154）目をさらに別糸に
移します。

後身頃を編む

後身頃が編み始めから61.5cmになるまで往復
編みします。
別糸に後身頃の目を移します。

前身頃を編む

休めていた前身頃の目を針に戻し、編み始めか
ら56.5 [56.5、55、55、55] cmになるまで、ま
たは後身頃よりも5 [5、6.5、6.5、6.5] cm短
い丈になるまで編みます。

次段：34（38、42、46、50）目編む、次の38（42、
46、50、54）目を（ネックラインのボトムとして）
別糸に移し、別の糸玉から糸をつけて残りの目
を編む →左右の肩にはそれぞれ34（38、42、
46、50）目があります。

後身頃の段数と同じになるまで、別々の糸玉を
使い左右の肩を編みます。

肩をはぐ

メモ：左右の肩は、セーターを着たときの左右
を表します。

肩をはぐ際は、編み地を外表（表側が自分に向く）にします。左肩はアームホールから首へ、右肩は首からアームホールの方向にはぎます。はぐ方向をこうすることで、肩のはぎ線の仕上がりが同じ見た目に仕上がります。

右前肩34（38、42、46、50）目と右後肩34（38、42、46、50）目をそれぞれ棒針に配置します。編み地を外表（裏側を中側）にして、スリーニードル・バインドオフ（79ページ）で肩をはぎます。左肩も同様に行います。

ネックラインを編む

休めていた後身頃の襟38（42、46、50、54）目を40cm輪針に移したら、編み地の表側を見ながら模様の流れに沿って編み、続けてネックラインの左側14（14、18、18、18）目、ネックラインのボトム38（42、46、50、54）目とネックラインの右側14（14、18、18、18）目を針に移して編みます。→104（112、128、136、144）目になります。編み始めの位置にマーカーを付け、輪に編みます。

襟の丈が5cmになるまで、または希望の高さになるまで2目ゴム編みをします。

ロールエッジを編む（襟の裾をロールカラーにする）

1段～5段め：表編み
ゆるめに伏せ止めします。

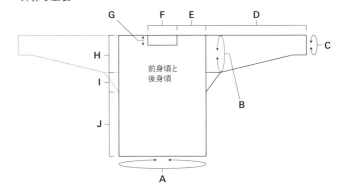

外郭寸法表

A	91.5［101.5、112、122、132］cm
B	37［40、41.5、44.5、46.5］cm
C	20.5［23.5、25.5、28、30］cm
D	53.5［56、58.5、59.5、61］cm
E	13.5［14.5、16.5、18、19.5］cm
F	14.5［16.5、18、19.5、21］cm
G	5［5、6.5、6.5、6.5］cm
H	19［20.5、21.5、23、24］cm
I	10cm
J	32.5［31、30、28.5、27.5］cm

袖を編む

休めていたマチ（シームステッチを含む）22目を短い輪針に戻します。

1段め： 編み地の表側を見て、裏編み1目、表編み21目、マーカーを付ける、アームホールから均等に90（98、102、110、114）目拾う→112（120、124、132、136）目になります。編み始めの位置にマーカーを付け、輪に編みます。

2段め：（減目段） 表編み1目、右上2目一度、次のマーカーの3目手前まで表編み、左上2目一度、裏編み1目、SM、段の編み終わりまで裏編み →マチの目が2目減りました。

3段め、5段め： 裏編み1目、SM、［表編み2目×裏編み2目］を編み終わり2目手前まで繰り返す、表編み2目

4段め： マーカーの1目手前まで表編み、裏編み1目、SM、［表編み2目×裏編み2目］を編み終わり2目手前まで繰り返す、表編み2目
マチ（袖側の上部分）のチャートの指示にしたがって6段～34段めを続けて編みます。→94（102、106、114、118）目になります。そのうち、袖は90（98、102、110、114）目、シームステッチは4目。

袖を減目しながら編む

メモ：途中で目数が少なくなり輪針が使いにくい場合は、棒針に替えて編みます。

減目段： シームステッチ、SM、表編み1目、右上2目一度、編み終わりの3目手前まで表編み、左上2目一度、表編み1目 →袖の目が2目減りました。

上記の減目段を6段ごとに4（11、22、20、23）回、続けて5段ごとに18（11、0、3、0）回繰り返します。→48（56、60、66、70）目になります。それと同時に、袖の拾い目から15cmの長さまで編めたら、シームステッチを維持して、袖の目を表編みに変更します。袖の全長が45.5［48.5、51、52、53.5］cm、または希望の袖丈よりも7.5cm短い丈を編みます。

袖口を編む

1段め：（減目段） 裏編み1目、表編み2目、裏編み1目、段の終わりまで表編みしながら等間隔に0（4、4、6、6）目を減目する →48（52、56、60、64）になります。

2段め： 裏編み1目、表編み2目、［裏編み2目、表編み2目］を繰り返し、最後の目は裏編み1目

シームステッチを維持しながら、2目ゴム編みのリブを7.5cmになるまで編みます。

表編みを5段編み、ゆるめに伏せ止めします。

仕上げをする

糸端を始末します。指定寸法にブロッキングします。

この作品は、重みのあるウー
ステッド・ヤーン（梳毛糸）で
編んでいます。スコットランド
のエリスケイ（スコットランド西
岸にある島の名）のガンジー
を大まかに解釈してデザイン
したセーターです。ゆったりと
したフィット感。セーターの下
部分には縦模様を並べ、そ
の上には横模様、さらに別の
モチーフなどもアクセントに入
れました。セーターの構造は、
クラシカルなガンジー同様、
脇下にはマチを入れ、伝統
的な模様を入れています。

the big easy

ビッグ・イージー

でき上がりサイズ

胸囲
96.5［106.5、117、127、137］cm

丈
59［63、63.5、66、66］cm

写真の掲載作品の胸囲は96.5cm

糸

#4 アランウエイト
911［1123、1187、1347、1459］m

使用糸：Quince & Co. Osprey（クインス＆カンパニー/オスプレイ）アメリカンウール100%
155m / 100g

カラー：ジンジャーブレッド
6（8、8、9、10）カセ

針

8号針（4.5mm）：輪針40cmと80cm、
棒針4〜5本

正しいゲージになるように、必要に応じて針のサイズを調整してください。

そのほかの用具

ステッチマーカー
ケーブル針
ステッチホルダー（または別糸）
とじ針

ゲージ

表目の編み地：16目24段（10cm）

本作品に登場するテクニック

ガーターウェルト、ケーブル模様の広がりを防ぐ方法、脇下のマチ、ロールカラーのワイドネック

作り方メモ

身頃の裾、袖口はガーター編み。肩はスリーニードル・バインドオフ（79ページ）ではぎます。はぎ線は、前後の肩をつなぎ合わせることと、模様の効果として機能しています。ネックラインは幅を広めにとっています。目を拾ったら、ロールカラーに仕上げます。丈を長くする場合は、プレーン地（ガーターウェルトの後に編む箇所）の段数を増やします。

ステッチガイド

右上3目交差

1. 3目をケーブル針に移し、編み地の手前に置く
2. 次の3目を表編み
3. ケーブル針の3目を針に戻し、表編み3目

左上3目交差

1. 3目をケーブル針に移し、編み地の向こう側に置く
2. 次の3目を表編み
3. ケーブル針の3目を針に戻し、表編み3目

右上4目交差

1. 4目をケーブル針に移し、編み地の手前に置く
2. 次の4目を表編み
3. ケーブル針の4目を針に戻し、表編み4目

左上4目交差

1. 4目をケーブル針に移し、編み地の向こう側に置く
2. 次の4目を表編み
3. ケーブル針の4目を針に戻し、表編み4目

インディアンコーンステッチ

1. 掛け目をする
2. 表編み2目
3. 掛け目した目を 2. で編んだ2目にかぶせる

ガーターウェルトを編む

輪針80cmを使い、ロングテール・キャストオン（21ページ）で140（156、172、188、204）目作ります。編み始めの位置としてステッチマーカーを付け、目がねじれないように注意しながら輪編みします。3.2cmになるまでガーター編み（裏編み1段、表編み1段）します。

身頃（下部分）を編む

プレーン地（表目の編み地）を編む

次段（増し目段）：等間隔に12目増し目をしながら表編みします。→152（168、184、200、216）目になります。

表目の編み地を3.8［6.5、2、4.5、4.5］cm編みます（輪編みなので全段表編み）。

各サイズの身頃（下部分）のチャートを参照し、次の通りに編みます。

1段め：*チャート右端からスタートしパターンA：2目めと3目めを1（3、2、4、6）回繰り返す、次に11（11、13、13、13）目、［ねじり増し目1目、表編み1目］を3（3、4、4、4）回、裏編み1（1、2、2、2）目、マーカーを付ける（以降「マーカーを付ける」はPMと表記）、パターンB：41（41、45、45、45）目、PM、パターンC：裏編み1（1、2、2、2）目、［表編み1目、ねじり増し目1目］を3（3、4、4、4）回、次に11（11、13、13、13）目、編み終わりの2目を（3、2、4、6）回繰り返す、PM*、*〜*を繰り返す →164（180、200、216、232）目になります。

シームステッチ

メモ：パターンAの最初の目が「シームステッチ」です。シームステッチは、各段の編み始めと中間の目で、身頃の脇に沿って続きます。脇下からはマチの一部として表目に変わりますが、マチを編み終え、袖を編むときに再び表目と裏目を交互に繰り返すシームステッチに戻ります。

2段〜19（19、17、17、17）段めを3（3、4、4、4）回繰り返し、編み始めから約29［31.5、31.5、34.5、34.5］cmになるまで編みます。
メモ：胸囲サイズ132cmの場合、編み始めから33cmになったらマチを編み始めます。

次段：マーカーの位置まで編む、マーカーを移す（以降「マーカーを移す」SMと表記）、表編み1（1、0、0、0）目、チャートDの1段め39（39、45、45、45）目、表編み1（1、0、0、0）目、SM、マーカーの位置まで編む、SM*、*〜*を繰り返す

チャートの指示にしたがって編みながら、チャー

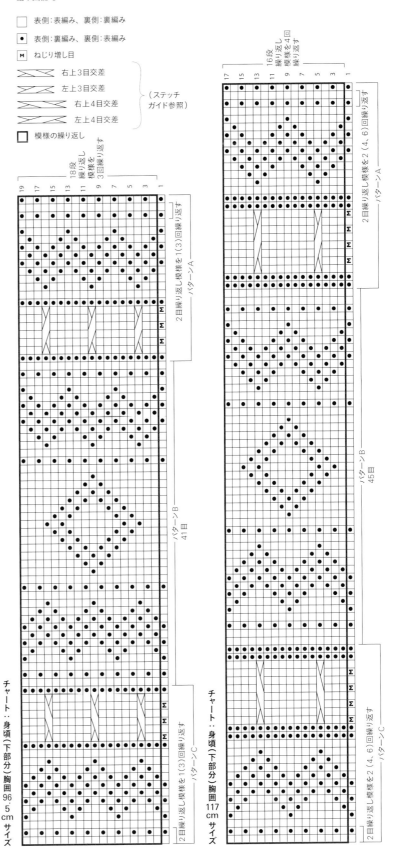

編み図記号

□　表側：表編み、裏側：裏編み

●　表側：裏編み、裏側：表編み

M　ねじり増し目

右上3目交差
左上3目交差
右上4目交差　（ステッチ
左上4目交差　ガイド参照）

□　模様の繰り返し

チャート：身頃（下部分）胸囲96.5cmサイズ

チャート：身頃（下部分）胸囲117cmサイズ

パターンA
パターンB　41目
パターンC

パターンA
パターンB　45目
パターンC

18段
繰り返し
模様を
3回繰り返す

16段
繰り返し
模様を4回
繰り返す

2目繰り返し模様を1（3）回繰り返す

2目繰り返し模様を1（3）回繰り返す

2目繰り返し模様を2（4、6）回繰り返す

2目繰り返し模様を2（4、6）回繰り返す

トDの2段～58段めを編みます。**それと同時に、** 編み始めから33［35.5、33、34.5、33］cmになったら、マチを編み始めます。

マチ（身頃側下部分）を編む

1段め（セットアップ段）：裏目の右ねじり増し目、表編み1目、裏目の左ねじり増し目、PM、チャートの指示にしたがって81（89、99、107、115）目、SM、裏目の右ねじり増し目、表編み1目、裏目の左ねじり増し目、PM、段の編み終わりまでチャートの指示にしたがって編む →168（184、204、220、236）目になります。そのうち、前身頃と後身頃はそれぞれ81（89、99、107、115）目、マチは両端それぞれ3目。

2段め：＊裏編み1目、表編み1目、裏編み1目、SM、チャートの指示にしたがってマーカーの位置まで編む、SM＊、＊～＊を繰り返す

3段め（増し目段）：＊裏編み1目、右ねじり増し目、表編み1目、左ねじり増し目、裏編み1目、SM、次のマーカー位置までチャートの指示にしたがって編む、SM＊、＊～＊を繰り返す →マチの目が4目増えました。

マチ（身頃側の下部分）のチャートの指示にしたがって、4段～17（17、22、22、22）段めを編みます。 →188（204、232、248、264）目になります。そのうち、前身頃と後身頃はそれぞれ81（89、99、107、115）目、マチはそれぞれ13（13、17、17、17）目。 パターンAとCの奇数（奇数、偶数、偶数、偶数）段で終わるように、必要に応じて編む段数を追加してください。編み始めから40［42.5、42、43、42］cmになります。

前身頃と後身頃を分ける

次段：ステッチホルダー（または別糸）に、マチの13（13、17、17、17）目を移す、前身頃の81（89、99、107、115）目を編む、マチ13（13、17、17、17）目を別のステッチホルダー（または別糸）に移す、後身頃81（89、99、107、115）目も別のステッチホルダー（または別糸）に移す →針には前身頃81（89、99、107、115）目があります。

前身頃を編む

前身頃と後身頃は別々に往復編みします。最後の裏側を編む段で編み終わるまでチャートDの指示にしたがって編みます。編み始めから約52.5［55、55、58、58］cmになります。

ネックラインを作る

次段：（表側）26（30、33、37、41）目編む、

チャートD

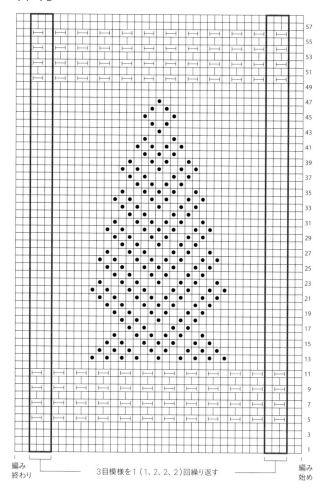

編み終わり

3目模様を1（1、2、2、2）回繰り返す

編み始め

57 55 53 51 49 47 45 43 41 39 37 35 33 31 29 27 25 23 21 19 17 15 13 11 9 7 5 3 1

編み図記号

□	表側：表編み、裏側：裏編み	╱	左上2目一度	⋀	中上3目一度	MR 右ねじり増し目
●	表側：裏編み、裏側：表編み	╲	右上2目一度	ML	左ねじり増し目	MR(•) 裏目の左ねじり増し目

次の29（29、33、33、33）目をステッチホルダー（または別糸）に移す、別の糸玉の糸をつけて編み終わりまで編む →左右の肩はそれぞれ26（30、33、37、41）目になります。
左右別々の糸玉を使って肩を編み、左右とも表側を見て編む段で、ネックライン側で1目の減目を5回行います。→左右の肩の目はそれぞれ21（25、28、32、36）目になります。

アームホールが19［20.5、21.5、23、24］cmになるまで編んだら、ステッチホルダーに目を移します。

後身頃を編む

休めていた後身頃81（89、99、107、115）目を輪針80cmに戻します。 チャートDの続きを

往復編みして編み終えます。
パターンAとパターンCをアームホールが16［17、18.5、19.5、21］cmになるまで編み進め、裏側を編む段を編んで終わります。

ネックラインを作る

次段：（表側）チャートの指示にしたがって23（27、30、34、38）目編む、次の35（35、39、39、39）目をステッチホルダー（または別糸）に移す、別の糸玉から糸をつける、段の編み終わりまで編む →左右の肩はそれぞれ23（27、30、34、38）目になります。

別々の糸玉で、左右の肩を編み進め、左右ともそれぞれネック側で表側を見て編む段で1目の減目を2回行います。→左右の肩の目はそれぞれ21（25、28、32、36）目になります。

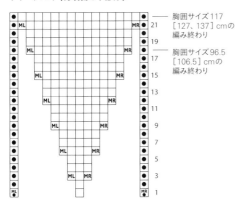

胸囲サイズ117
［127、137］cmの
編み終わり
21
19
胸囲サイズ96.5
［106.5］cmの
編み終わり
17
15
13
11
9
7
5
3
1

チャート：マチ（袖側の上部分）

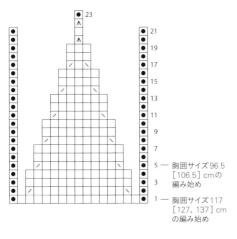

23
21
19
17
15
13
11
9
7
5 胸囲サイズ96.5
［106.5］cmの
編み始め
3
1 胸囲サイズ117
［127、137］cm
の編み始め

ML　裏目の右ねじり増し目　　□　模様の繰り返し

インディアンコーンステッチ

アームホールが19［20.5、21.5、23、24］cm になるまで編みます。

肩をはぐ

右前肩の目を棒針に戻し、右後肩の目も別の棒針に戻します。編み地を中表にして（裏側が自分に向いている）2本の棒針を持ち、スリーニードル・バインドオフ（79ページ）で肩をはぎます。左肩も同様に行います。

袖を編む

休めていたマチ13（13、17、17、17）目を輪針40cmに戻します。編み地の表側を見ながら、マチの目を編んだらマーカーを付け、アームホールから均等に61（65、69、73、77）目を拾います。→74（78、86、90、94）目になります。編み始めの位置にマーカーを付け、輪に編みます。

セットアップ段：マチ（袖側の上部分）のチャート7（7、1、1、1）段めから始めてマーカーまで編む、表編み11（13、14、16、18）目、PM、袖の模様のチャートの1段めの指示にしたがって39（39、41、41、41）目、PM、表編み11（13、14、16、18）目

マチ（袖側上部分）のチャート23段めまで編み、袖の模様のチャートの指示にしたがって62（66、70、74、78）目編みます。

次の段を増減なく模様の流れに沿って編みます。

減目段：裏編み1目、右上2目一度、チャートの指示にしたがって編み終わり2目手前まで編む、左上2目一度 →袖の目が2目減りました。

袖の模様のチャートの2段〜19（19、17、17、17）段めを5（5、6、6、6）回繰り返します。それと同時に、袖の減目を7段ごとに6（4、0、0、0）回、6段ごとに8（11、13、11、9）回、さらに5段ごとに0（0、3、6、9）回行います。→32（34、36、38、40）目になります。それと同時に、袖の模様を編み終えたら、編み始めの2目を表編みと裏編みを交互に編むのを維持したまま、残りの目は表目の編み地になるように編みます。袖の拾い目した位置から45.5［47、48.5、49.5、51］cm、または希望の丈より2.5cm短い丈になるまでを編みます。

袖口のリブを編む

ガーター編みを2.5cm編み、最後の段は表編みで終わります。裏編みをしながらゆるめに伏せ止めします。

外郭寸法表

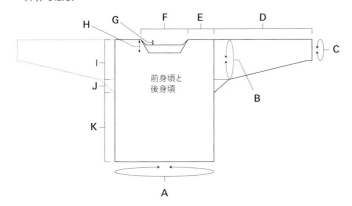

A　96.5［106.5、117、127、137］cm

B　39.5［42、44.5、47、49.5］cm

C　20.5［21.5、23、24、25.5］cm

D　48.5［49.5、51、52、53.5］cm

E　13.5［16、18、20.5、23］cm

F　25［25、27.5、27.5、27.5］cm

G　3.2cm

H　6.5［7.5、8.5、8.5、8.5］cm

I　19［20.5、21.5、23、24］cm

J　7［7、9、9、9］cm

K　33［35.5、33、34.5、33］cm

チャート：袖の模様　胸囲サイズ：96.5（106.5）cm

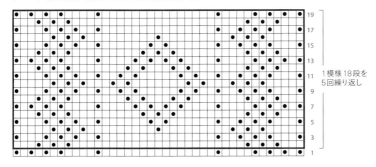

1模様18段を
5回繰り返し

チャート：袖の模様　胸囲サイズ：117（127、137）cm

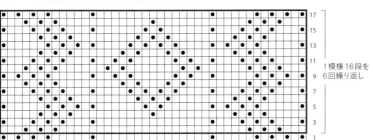

1模様16段を
6回繰り返し

ネックラインを編む

輪針40cmを使って、編み地の表側を見ながら、休めていた後身頃35（35、39、39、39）目、左前のネックラインから均等に12（14、14、14、14）目、休めていた前身頃のネックラインのボトム29（29、33、33、33）目、さらに右前のネックラインから均等に12（14、14、14、14）目を拾います。→88（92、100、100、100）目になります。編み始めの位置にマーカーを付け、輪に編みます。

次段：＊表編み2目、裏編み2目＊、＊〜＊を繰り返す

リブが2.5cmになるまで上記を繰り返します。

2目ゴム編みしながらゆるめに伏せ止めします。

ロールカラーを編む

輪針40cmを使い、編み地の表側を見て、外側に折りながら、リブから86（90、98、98、98）目拾います。編み始めの位置にマーカーを付け、輪に編みます。

1段〜6段め：表編み

7段め：（減目段）＊表編み12（7、7、7、7）目、左上2目一度＊、＊〜＊をあと5（9、9、9、9）回繰り返す、表編み2（0、8、8、8）目　→80（80、88、88、88）目になります。

8段〜12段め：表編み

13段め：（減目段）＊表編み8（8、10、10、10）目、左上2目一度＊、＊〜＊をあと7（7、6、6、6）回、表編み0（0、4、4、4）目　→72（72、81、81、81）目になります。

14段〜18段め：表編み

19段め：＊表編み7目、左上2目一度＊、＊〜＊を繰り返す→64（64、72、72、72）目になります。拾い目から14cmになるまで表編みします。表編みしながらゆるめに伏せ止めします。

仕上げをする

糸端を始末します。指定寸法にブロッキングします。

編み図記号

☐　表側：表編み、裏側：裏編み

⦿　表側：裏編み、裏側：表編み

☐　模様の繰り返し

この作品は、レイ・コンプトン
著『*The Complete Book of
Traditional Guernsey and
Jersey Knitting*』から、エリ
スケイで編まれていたガン
ジーを基に私なりの解釈でデ
ザインしたものです。エリスケ
イ（スコットランドゲール語：
Èirisgeigh）という名は、古ノ
ルド語の「エリック島」に由来
しています。

エリスケイは、アウターヘブリ
ディーズ諸島の島々の１つで
す。スコットランドの島やほか
の場所の多くの地名は、400
年ものノルウェー人の占領（西
暦800年から1200年頃）から
由来しています。コンプトンの
著書で初めてエリスケイのガ
ンジーを目にしたときから、こ
の大きな模様がとても好きに
なりました。ケーブル模様を
入れることで、シンプルな作
品のアクセントとなり、表目と
裏目を組み合わせた模様の
エレガントな美しさを際立た
せています。

eriskay

エリスケイ

でき上がりサイズ

胸囲
89.5［99、112、121.5、135.5］cm

丈
57［59.5、62、65、67.5］cm

写真の掲載作品の胸囲は99cm

糸

#2 スポーツウエイト
1406［1626、1914、2163、2486］m

使用糸：Frangipani 5-ply Guernsey（フランジ
パニ　5プライ　ガーンジー）ウール100%
220m / 100g

カラー：クラレット（赤紫）
7（8、9、10、12）カセ

針

2号針（2.75mm）：輪針80cmと40cm、
棒針4〜5本

正しいゲージになるように、必要に応じて針の
サイズを調整してください。

そのほかの用具

ステッチマーカー
ケーブル針
ステッチホルダー（または別糸）
とじ針

ゲージ

表目の編み地：27目40段（10cm）

本作品に登場するテクニック

チャネルアイランド・キャストオン（17ページ）、ガー
ターウェルト、シームステッチ、脇下のマチ、垂
直のショルダーストラップ、ショルダーストラップ
に入れるマチ、（オプションとして）ショートロウ
（34ページ）、ネックラインの形を作る

作り方メモ

男性にも女性にも適したデザインのガンジーです。
伝統的な方法で編まれていますが、洗練された
テクニックもいくつか含まれています。オプション
のショートロウを腰に入れることで、セーターが
「めくり上がる」傾向を解消できます。前後のショ
ルダーをつなぐショルダーストラップは、首のマチ
から始まります。こういったテクニックは、ネック
ラインを広げ、フィット感が増します。首のマチ
を作らなければ、スクエアネックになります。着
丈は、プレーン地の段数によって長さの調整がで
きます。

ステッチガイド

左上1目交差

1. 1目めをケーブル針に移して編み地の向こう側に置く
2. 次の目を表編み
3. ケーブル針の1目を針に戻し、表編み1目

左上2目交差

1. 2目をケーブル針に移して編み地の向こう側に置く
2. 次の2目を表編み
3. ケーブル針の2目を針に戻し、表編み2目

左上3目交差

1. 3目をケーブル針に移して編み地の向こう側に置く
2. 次の3目を表編み
3. ケーブル針の3目を針に戻し、表編み3目

左上4目交差

1. 4目をケーブル針に移して編み地の向こう側に置く
2. 次の4目を表編み
3. ケーブル針の4目を針に戻し、表編み4目

身頃（下部分）を編む

ガーターウェルト（2枚）を編む

メモ：2枚のウェルト（1枚は前身頃用、もう1枚は後身頃用）は、往復編み（平編み）して作り、2枚をつなげて輪編みをします。

輪針40cmを使い、チャンネルアイランド・キャストオン（19ページ）で114（128、142、156、170）目を作ります。次の通り往復編みします。

次段：表編みしながら、中心で1目増し目 →115（129、143、157、171）目になります。

あと16段表編みしたら、一旦編み地を休めます。輪針80cmを使い、同じものをもう1枚編みます。

2枚のガーターウェルトをつなげて編む

ウェルト結合段：輪針80cmに2枚のガーターウェルトの表側が向くようにして、最初のウェルトを編み終わり1目手前まで編む、マーカーを付ける（以降「マーカーを付ける」はPMと表記）、表編み1目、2枚めのウェルトの最初の1目めを表編み、PM、2枚めのウェルトの編み終わりの1目手前まで表編み、段の編み始めとしてPM、2枚めのウェルトの最後の目と1枚めのウェルトの最初の目を裏編み、PM →計230（258、286、314、342）目になります。

プレーン地 (表目の編み地) を編む

メモ:プレーン地は、着丈の調整を最も簡単にできる場所です。また、セーターを着る人のイニシャルを入れる際もプレーン地で行うのが最適です。

増し目段:次のマーカー位置まで表編みしながら間隔に6目増し目、マーカーを移す (以降「マーカーを移す」はSMと表記)、シームステッチ (2目) のチャートの1段めを編む、SM、次のステッチマーカーの位置まで表編みしながら等間隔に6目増し目 →242 (270、298、326、354) 目になります。

次の2段:*シームステッチ (2目) のチャートの次の段を編む、SM、マーカー位置まで表編み、SM*、* ~ *を繰り返す

イニシャルを編む

イニシャルを入れる場合は、必要に応じて31ページのチャートの空白欄を参照し作成します。編み始め9目めからイニシャルをスタートします。

次の11段:シームステッチ2目、表編み7目、イニシャルのチャートの指示にしたがって編む、編み終わりまで編む

シームステッチをチャートの指示にしたがって編み、残りの目は表編み、編み始めから7.5 [10、12.5、15、18] cmになるまで編み、シームステッチの2段めを編み終えたところにします。

オプション:ショートロウ (引き返し) をする場合

後身頃に引き返しを入れる

メモ:ラップ&ターン (w & t) のうち、ラップの方法は34ページを参照してください。

ガンジーの身頃は長方形のため、後身頃のネックラインの形状がなく、体の厚みによって裾が「めくれ上がる」可能性があります。この問題を解消するため、必要に応じてプレーン地に数段のショートロウを入れることが可能です。ショートロウはオプションのため、必要があれば行ってください。

ショートロウ1段め: (表側) 段の編み終わりのシームステッチの3目手前まで編む、w & t

ショートロウ2段め: (裏側) 段の中心のシームステッチの3目手前まで裏編む、w & t
次段:途中でラップされている目とラップの目を一緒に編みながら、段の編み終わりまで編む→ショートロウを行ったことで、後身頃のみ2段追加されました。

さらに次の段では、まだ処理していないラップされている目とラップの目を一緒に編みながら編み進めます。ショートロウは、必要に応じてさらに1~2回行うことも可能です。

境界ラインを編む

次の通り、ガーター編みを10段編みます。

1、3、5、7、9段め:*シームステッチを編む、SM、次のマーカー位置まで裏編み、SM*、* ~ *を繰り返す

2、4、6、8、10段め:*シームステッチを編む、SM、次のマーカー位置まで表編み、SM*、* ~ *を繰り返す

チャート:シームステッチ

編み図記号

☐ 表側:表編み、裏側:裏編み

• 表側:裏編み、裏側:表編み

☐ 模様の繰り返し

模様を編む

メモ：ケーブル模様はサイズごとに交差の目数が違いますので、自分のサイズを確認しましょう。また、サイズごとにケーブル模様1段めで増し目する位置にも注意してください。「ケーブル模様2」は、第6章でご紹介したベビーケーブルに変更することもできます。

セットアップ（増し目）段：*シームステッチを編む、チャートA（サイズ別）を編みながら1（1、0、0、0）目増し目、ケーブル2（ケーブル2、ケーブル4、ケーブル6、ケーブル8）のチャートの指示にしたがって編む、チャートB（21目）、ケーブル2（ケーブル2、ケーブル4、ケーブル6、ケーブル8）、チャートC（11目）、ケーブル2（ケーブル2、ケーブル4、ケーブル6、ケーブル8）、チャートD（21目）、ケーブル2（ケーブル2、ケーブル4、ケーブル6、ケーブル8）、チャートE（11目）、ケーブル2（ケーブル2、ケーブル4、ケーブル6、ケーブル8）、チャートB（21目）、ケーブル2（ケーブル2、ケーブル4、ケーブル6、ケーブル8）、チャートA（サイズ別）を編みながら1（1、0、0、0）目増し目、SM*、*〜*を繰り返す →258（286、322、350、390）目になります。

編み始めから約25.5［26.5、26.5、26.5、28］cmになるまで、各チャートの指示にしたがって編み進めます。

チャートA　胸囲89.5cm

7
5　8段
　　繰り返し
3
1

3目

チャートA　胸囲99cm

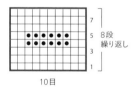

7
5　8段
　　繰り返し
3
1

10目

チャートA　胸囲112cm

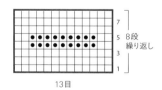

7
5　8段
　　繰り返し
3
1

13目

チャートA　胸囲121.5cm

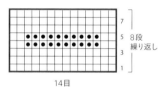

7
5　8段
　　繰り返し
3
1

14目

チャートA　胸囲135.5cm

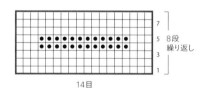

7
5　8段
　　繰り返し
3
1

14目

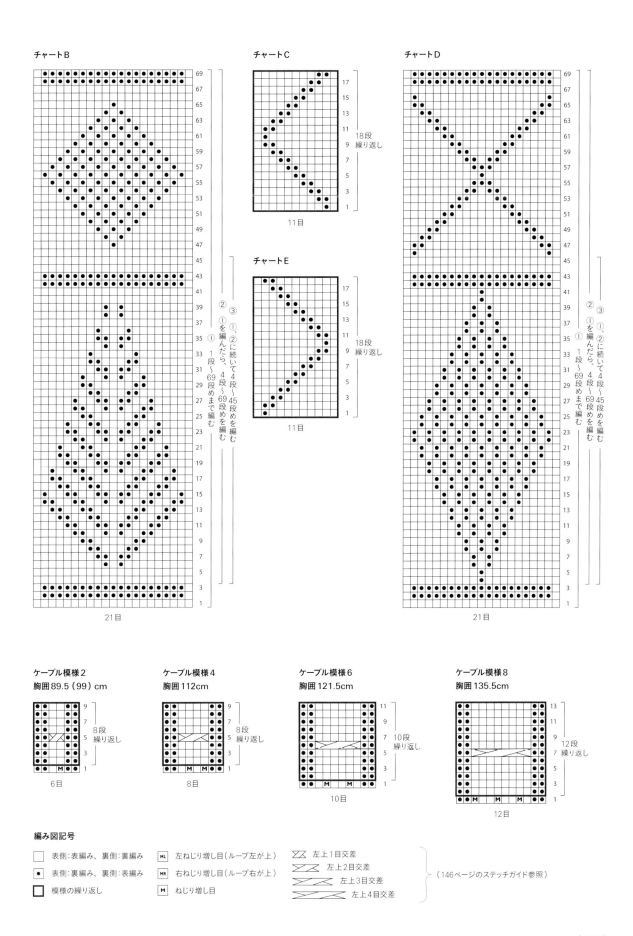

チャートB

チャートC

チャートD

チャートE

18段
9 繰り返し

11目

18段
9 繰り返し

11目

21目

21目

②③①
①に続いて 4 段~45 段めを編む
①を編んだら、4段~69段めを編む
1段~69段めまで編む

②③①
①に続いて 4 段~45 段めを編む
①を編んだら、4段~69段めを編む
1段~69段めまで編む

ケーブル模様2
胸囲89.5（99）cm

8段
繰り返し

6目

ケーブル模様4
胸囲112cm

8段
繰り返し

8目

ケーブル模様6
胸囲121.5cm

10段
繰り返し

10目

ケーブル模様8
胸囲135.5cm

12段
繰り返し

12目

編み図記号

☐ 表側：表編み、裏側：裏編み
● 表側：裏編み、裏側：表編み
☐ 模様の繰り返し

ML 左ねじり増し目（ループ左が上）
MR 右ねじり増し目（ループ右が上）
M ねじり増し目

左上1目交差
左上2目交差
左上3目交差
左上4目交差

（146ページのステッチガイド参照）

チャート：マチ（身頃側の下部分）

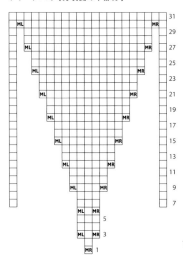

チャート：マチ（ショルダーストラップ）

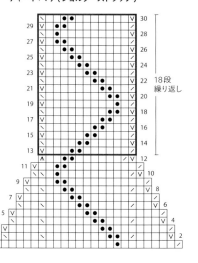

18段
繰り返し

チャート：マチ（袖側の上部分）

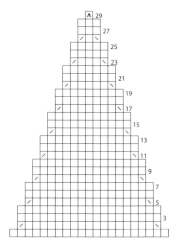

マチ（身頃側の下部分）を編む

1段め：＊シームステッチ、右ねじり増し目（マチのチャート1段め）、シームステッチ、SM、次のマーカー位置まで編む、SM＊、＊〜＊を繰り返す →マチの目が2目増えました。

2段め：＊シームステッチ、マチ（身頃側の下部分）のチャート2段め、シームステッチ、SM、次のマーカー位置まで編む、SM＊、＊〜＊を繰り返す

マチ（身頃側の下部分）のチャート31段までを編みながら、身頃も編み進めます。→300（328、364、392、432）目になります。そのうち、前身頃と後身頃はそれぞれ127（141、159、173、193）目、マチ（シームステッチを含む）は両端それぞれ23目。

前身頃と後身頃を分けて編む

マチ（シームステッチを含む）23目をそれぞれステッチホルダー（または別糸）に移します。さらに後身頃127（141、159、173、193）目を別糸に移します。→針には、前身頃127（141、159、173、193）目があります。

身頃（上部分）を編む

メモ：前身頃と後身頃、それぞれ別々に往復編み（平編み）します。先に前身頃から編みます。ケーブル模様の交差を編み地の裏側で編むようになっている場合、一旦糸を切り、もう一度右側から糸をつけ、表側で交差をするようにします。

各チャートの指示にしたがって177段まで編んだら、それぞれのケーブル模様の最後の段で1（1、2、2、3）目を減目します。→121（135、147、161、175）目になります。
前身頃を別糸に移して休めます。

ショルダーストラップを編む

棒針を使い、ロングテール・キャストオン（21ページ）で25目作ります。

ネックライン側からショルダーをつないでショルダーストラップを編む

左右どちらかが分からなくならないように、ガンジーを着た状態を想像してみましょう。イニシャルは前身頃にあることを目印にすると、編み始める方向も決めやすくなります。

右肩を編む

休めていた右前肩37（44、48、51、55）目を棒針に戻します。さらに別の棒針に、右後肩37（44、48、51、55）目を移します。または、輪針を使う場合は、前後の肩を1本の輪針に移して、左右の肩のネックライン側が両端の針先にくるようにします。

編み地の表側を見ながら、右前肩の棒針を左手に、ショルダーストラップの作り目（25目）の棒針を右手に持ちます。前身頃のネックライン側の目を表編み1目したら、その手前のショルダーストラップの作り目の最後の目をかぶせます。編み地を返します。

1段め：（裏側）糸を手前にして裏編みをするように針を入れてすべり目1目、裏編み15目、表編み1目、裏編み7目、ストラップの編み終わりの目と後身頃のネックライン側の端の目を裏目の左上2目一度、編み地を返す

2段め：（表側）糸を向こう側にして裏編みをするように針を入れてすべり目1目、表編み4目、左上2目一度、表編み1目、裏編み2目、表編み8目、右上2目一度、表編み4目、右上2目一度（最後のストラップの目と前身頃の肩の目）、編み地を返す →ショルダーストラップの目が23目になります。

3段め：糸を手前にして裏編みをするように針を入れてすべり目1目、裏編み12目、表編み2目、裏編み7目、裏目の左上2目一度、編み地を返す

4段め：糸を向こう側にして裏編みをするように針を入れてすべり目1目、表編み3目、左上2目一度、表編み3目、裏編み2目、表編み6目、右上2目一度、表編み3目、右上2目一度、編み地を返す →ショルダーストラップの目が21目になります。

5段め：糸を手前にして裏編みをするように針を入れてすべり目1目、裏編み9目、表編み2目、裏編み8目、裏目の左上2目一度、編み地を返す

6段め：糸を向こう側にして裏編みをするように針を入れてすべり目1目、表編み2目、左上2目一度、表編み5目、裏編み2目、表編み4目、右上2目一度、表編み2目、右上2目一度、編み地を返す →ショルダーストラップの目が19

チャート：ダイヤモンド模様とX模様

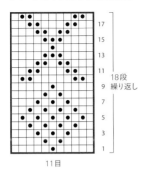

11目

チャート：バー模様

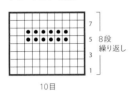

10目

編み図記号

□	表側：表編み 裏側：裏編み
●	表側：裏編み 裏側：表編み
／	表側：左上2目一度 裏側：裏目の左上2目一度
＼	右上2目一度
∧	中上3目一度
ML	左ねじり増し目 （ループ左が上）
MR	右ねじり増し目 （ループ右が上）
V	表側：糸を向こう側にしてすべり目 裏側：糸を手前にしてすべり目
□	模様の繰り返し

目になります。

7段め: 糸を手前にして裏編みをするように針を入れてすべり目1目、裏編み6目、表編み2目、裏編み9目、裏目の左上2目一度、編み地を返す

8段め: 糸を向こう側にして裏編みをするように針を入れてすべり目1目、表編み1目、左上2目一度、表編み7目、裏編み2目、表編み2目、右上2目一度、表編み1目、右上2目一度、編み地を返す →ショルダーストラップの目が17目になります。

9段め: 糸を手前にして裏編みをするように針を入れてすべり目1目、裏編み3目、表編み2目、裏編み10目、裏目の左上2目一度、編み地を返す

10段め: 糸を向こう側にして裏編みをするように針を入れてすべり目1目、左上2目一度、表編み9目、裏編み1目、表編み1目、右上2目一度を2回、編み地を返す →ショルダーストラップの目が15目になります。

11段め: 糸を手前にして裏編みをするように針を入れてすべり目1目、裏編み2目、表編み2目、裏編み9目、裏目の左上2目一度、編み地を返す

12段め: 糸を向こう側にして裏編みをするように針を入れてすべり目1目、左上2目一度、表編み6目、裏編み2目、表編み2目、中上3目一度、編み地を返す →ショルダーストラップの目が13目になります。

13段め: 糸を手前にして裏編みをするように針を入れてすべり目1目、裏編み3目、表編み2目、

裏編み6目、裏目の左上2目一度、編み地を返す

14段め: 糸を向こう側にして裏編みをするように針を入れてすべり目1目、表編み5目、裏編み2目、表編み4目、右上2目一度、編み地を返す

15段め: 糸を手前にして裏編みをするように針を入れてすべり目1目、裏編み5目、表編み2目、裏編み4目、裏目の左上2目一度、編み地を返す

上記の流れに沿って編み進め、ショルダーストラップのチャート16段〜30段めを編みます。身頃の肩の目がすべてなくなるまで13段〜30段めを繰り返します（最後にショルダーストラップの13目が残ります）。13目をステッチホルダーに移します。

左肩を編む

棒針に25目作ります。左前肩37（44、48、51、55）目を別の棒針に移し、さらに左後肩37（44、48、51、55）目を別の棒針に移します。または、輪針を使う場合は、前後の肩を1本の輪針に移して、左右の肩のネックライン側が両端の針先にくるようにします。前身頃と後身頃の残りの47（47、51、59、65）目はネックラインとしてステッチホルダー（または別糸）に休めます。編み地の表側を見て、左後肩の棒針を左手に、ショルダーストラップの作り目（25目）の棒針を右手に持ちます。左後肩のネックライン側の端の目を表編み1目したら、ショルダーストラップの最後の作り目の1目をかぶせます。

1段め:（裏側）糸を手前にして裏編みをするように針を入れてすべり目1目、裏編み15目、表編み1目、裏編み7目、ストラップの編み終わりの目と前身頃のネックライン側の端の目を裏目の左上2目一度、編み地を返す

2段め:（表側）糸を向こう側にして裏編みをするように針を入れてすべり目1目、表編み4目、左上2目一度、表編み1目、裏編み2目、表編み8目、右上2目一度、表編み4目、右上2目一度（最後のストラップの目と後身頃の肩の目）、編み地を返す →ショルダーストラップの目が23目になります。

右肩と同様に編み進めます。最後にショルダーストラップの目が13目残ります。

袖を編む

ステッチホルダーに休めていたマチ（シームステッチを含む）23目を輪針40cmに戻します。編み地の表側を見ながら、糸をつけてシームステッチを編んだら、マチ（袖側の上部分）のチャート・1段めを編み、もう一方のシームステッチを編みます。マーカーを付け、アームホールから均等に50（54、57、65、65）目を拾い、続けてストラップショルダーの13目を編み、アームホールから均等に50（54、57、65、65）目を拾います。 →136（144、150、166、166）目になります。編み始めの位置にマーカーを付け、輪に編みます。

次段: シームステッチとマチ（袖側の上部分）のチャートの指示にしたがって編む、SM、裏編

み50（54、57、65、65）目、チャートの指示にしたがってジグザグ模様を編む、裏編み50（54、57、65、65）目

袖の模様を編む

セットアップ段：シームステッチ、マチ（袖側の上部分）のチャート3段めを編む、シームステッチ、SM、表編み14（18、18、20、17）目、続けて次の通り各チャートの1段めを編む、ケーブル模様2（ケーブル模様2、ケーブル模様4、ケーブル模様6、ケーブル模様8）、ダイヤモンド模様とX模様のチャート（11目）、ケーブル模様2（ケーブル模様2、ケーブル模様4、ケーブル模様6、ケーブル模様8）、バー模様のチャート（10目）、ケーブル模様2（ケーブル模様2、ケーブル模様4、ケーブル模様6、ケーブル模様8）、ショルダーストラップのマチから模様の続き、ケーブル模様2（ケーブル模様2、ケーブル模様4、ケーブル模様6、ケーブル模様8）、バー模様のチャート（10目）、ケーブル模様2（ケーブル模様2、ケーブル模様4、ケーブル模様6、ケーブル模様8）、ダイヤモンド模様とX模様のチャート（11目）、ケーブル模様2（ケーブル模様2、ケーブル模様4、ケーブル模様6、ケーブル模様8）、表編み14（18、18、20、17）目→140（148、160、176、182）目になります。そのうち、袖の目は119（127、139、155、161）目、マチ（シームステッチを含む）は両端それぞれ21目。

マチ（袖側の上部分）のチャートの指示にしたがって、29段編みます。→122（130、142、158、164）目になります。そのうち、袖の目は119（127、139、155、161）目、マチとシームステッチは3目。

次段（減目段）：左上2目一度（または、模様の流れに沿って裏目の左上2目一度）、段の編み終わりまで編む →121（129、141、157、163）目になります。

増減目なく、チャートの指示にしたがってもう1段平らに編みます。

袖を減目しながら編む

減目段：シームステッチ、右上2目一度、編み終わりの2目手前まで編む、左上2目一度 →袖の目が2目減りました。

上記の減目を5段ごとに15（12、15、5、30）回、続けて4段ごとに12（17、16、30、2）回繰り返します。**それと同時に、**ダイヤモンド模様とX模様のチャートの1段～18段を4回繰り返したら、1段～9段めをもう1度編み、最後の段でそれぞれの各ケーブル模様から1（1、2、2、3）目を減目します。アームホールから21cmの丈になり

ます。

境界ラインを編む

1、3、5、7、9段め：（シームステッチの模様を維持し、減目段を編む以外は）裏編み

2、4、6、8段め：（シームステッチの模様を維持し、減目段を編む以外は）表編み

袖のプレーン地（表目の編み地）を編む

シームステッチは模様を維持しながら、それ以外は表編みします。袖の減目をすべて終えたら、59（63、65、73、79）目になります。拾い目から41.5［41.5、44、46.5、49］cmになるまで編みます。

袖口のリブを編む

減目段：［表編み2目、裏編み2目］を繰り返しながら、等間隔に7（7、5、5、7）目を減目します。→計52（56、60、68、72）目になります。

リブ丈が7cm、または希望の丈まで2目ゴム編

みを続けます。2目ゴム編みしながら、ゆるめに伏せ止めします。

襟を編む

輪針40cmで、編み地の表側を見ながら、休めていた後身頃の47（47、51、59、65）目、左肩のショルダーストラップ25目、休めていた前身頃の47（47、51、59、65）目、右肩のショルダーストラップ25目の順に拾います。→計144（144、152、168、180）目になります。編み始めの位置にマーカーを付け、輪に編みます。

減目段：裏編みしながら、等間隔に24（24、24、28、28）目を減目して編みます。→120（120、128、140、152）目になります。

2目ゴム編みを9段編みます。2目ゴム編みの編み方をしながら、ゆるめに伏せ止めします。

仕上げをする

糸端を始末します。指定寸法にブロッキングします。

外郭寸法表

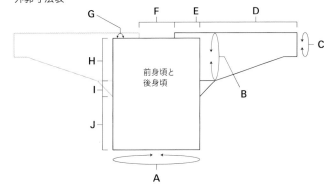

A 89.5［99、112、121.5、135.5］cm

B 40.5［44、47.5、52.5、55］cm

C 22［23.5、25、27.5、30］cm

D 48.5［48.5、51、53.5、56］cm

E 14［16.5、18、19、21］cm

F 18［18、19、22、25］cm

G 5cm

H 20.5［21.5、24、26.5、28］cm

I 7.5cm

J 25.5［26.5、26.5、26.5、28］cm

この作品は、アメリカの毛糸メーカー、QUINCE & CO.（クインス&カンパニー）のオスプレイという糸の弾力性のある編み目に魅了され、表目と裏目の模様を入れたワンピースを作りたいとデザインしました。普段からゴアスカート（何枚かの三角布をはぎ合わせてできているスカート）が大好きなので、ウエストに向かって徐々に幅が狭くなるフレアスカートをデザインするのは自然のことでした。ウエスト部分の模様、上半身の模様のどちらも、マイケル・ピアソン著『Traditional Knitting』によれば、シェリンガム（イギリスのノーフォーク郡にある海辺の町。9ページ参照）のガンジーに含まれる要素です。きっと昔のガンジーの編み手たちも、その時代の必要性やテイストに合うように模様やスタイルを変え、手を加えていたのだろうと確信しながら、私自身もこういった要素に少し手を加えデザインしました。

alouette

アルエット

でき上がりサイズ

胸囲
90［104、110.5、122、129］cm

丈
78.5［84、84、89.5、89.5］cm

写真の掲載作品の胸囲は90cm

糸

#4 アランウエイト
1292［1588、1685、1986、2101］m

使用糸：Quince & Co. Osprey（クインス＆カンパニー /オスプレイ）アメリカンウール100%
155m / 100g

カラー：デルフトブルー
9（11、12、13、14）カセ

針

8号針（4.5mm）：輪針40cmと80cm、
棒針4～5本

正しいゲージになるように、必要に応じて針の
サイズを調整してください。

そのほかの用具

ステッチマーカー
ステッチホルダー（または別糸）
とじ針

ゲージ

表目の編み地：18目26段（10cm）
チャートC：18目30段（10cm）

本作品に登場するテクニック

ロングテール・キャストオン（21ページ）、ガーター
ウェルト（スリット入り）、ニッティド・キャストオン
（21ページ）、脇下のマチ、スリーニードル・バイ
ンドオフ（79ページ）、逆三角形のネックのマチ

作り方メモ

ガンジーのワンピース。裾は、スリット入りのガー
ターウェルトを作ります。ガーターウェルトを結合
し、輪に編みます。スカートはヒップに向かって
緩やかに減目し、さらにウエストで減目していま
す。 ウエスト部分を編む際は、サイズによって目
数を少し増やし、模様の始まりと同時に脇下の
マチも編み始めます。マチが編めたら、前身頃と
後身頃に分け、往復編みでアームホールを作りま
す。肩をはぎ、首のマチを編みます。続いてアー
ムホールから目を拾い、マチの目を減らしながら、
七分の袖丈を編んだらリブを編みます。 最後に
ネックラインから目を拾ってガーター編みで襟を
作ります。

このワンピースは、5～7.5cmくらいのゆるみを
入れるのがおすすめです。

スカート（下部分）を編む（2枚）

輪針80cmを使って、ロングテール・キャストオン（21ページ）で109（121、127、139、145）目を作ります。

往復編み（平編み）でガーター編み（往復編みの場合は全段表編み）を12段編んだら、続けて下記の通り編みます。

セットアップ段：（裏側）表編み7目、マーカーを付ける（以降「マーカーを付ける」はPMと表記）、裏編み95（107、113、125、131）目、PM、表編み7目

次段：（表側）表編み7目、マーカーを移す（以降「マーカーを移す」はSMと表記）、表編み10（12、13、15、16）目、*次の3目をシードステッチラインの2段め、表編み15（17、18、20、21）目*、* 〜 *をあと3回繰り返す、次の3目をシードステッチラインの2段め、裏編み10（12、13、15、16）目、SM、表編み7目

次段：（裏側）表編み7目、SM、裏編み10（12、13、15、16）目、*シードステッチラインのチャート1段め（3目）、裏編み15（17、18、20、21）目*、* 〜 *をあと3回繰り返す、シードステッチラインのチャート1段め（3目）、裏編み10（12、13、15、16）目、SM、表編み7目

上記の2段をあと12回繰り返します。編み始めから高さ約12cmになります。

一旦糸を切り、ステッチホルダーまたは針にのせたまま休めておきます。同じものをもう1枚編みます。

ガーターウェルトを結合する

結合段：編み地の表側を見て、1枚めのガーターウェルトをこれまでの流れに沿って編み、編み地を裏側に返してニッティド・キャストオン（20ページ）で1目作る、編み地を表側に返して、2枚めのガーターウェルト（表側）を編む、編み地を裏側に返して1目作る、編み地目を表側に返し、輪に編む、表編み1目、（編み始め位置として）PM →220（244、256、280、292）目になります。

次段：（チャートのベントトップ模様の1段めを次の通り編み始めます）ベントトップ模様の編み終わり6目を編む、SM、これまでの模様の流れに沿ってマーカー位置まで編む、SM、ベントトップ模様1段め（15目）、SM、これまでの模様の流れに沿ってマーカー位置まで編む、SM、ベントトップ模様の編み始めの9目を編む

模様の流れに沿って編みながら、ベントトップ模様の2段〜12段めを編みます。

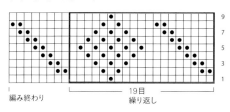

チャート：シードステッチライン　**チャート：シングルシード**　**チャート：ベントトップ模様**

2段
繰り返し

2段
繰り返し

チャート：ウエストバンド

9
7
5
3
1

編み終わり　19目
繰り返し

編み始めの
6目で編む　編み終わりの
9目で編む

段の中心
15目の位置で編む

編み図記号

☐ 表側：表編み、裏側：裏編み　　・ 表側：裏編み、裏側：表編み　　☐ 模様の繰り返し

次段：＊表編み6目、マーカーを外す（以降「マーカーを外す」はRMと表記）、次のマーカー位置まで編む、RM、表編み6目、PM、シードステッチラインのチャート2段め（3目）、PM＊、＊～＊を繰り返す

編み方の流れに沿って2段編みます。

減目段：＊表編み1目、右上2目一度、マーカー位置の3目手前まで編む、左上2目一度、表編み1目、SM、シードステッチライン（3目）、SM＊、＊～＊を繰り返す →216（240、252、276、288）目になります。

編み始めから高さ約20.5cmになるまで編みます。

スカートを減目しながら編む

メモ：ワンピースの丈を長くしたい場合は、減目段の間隔をさらにあけて減目を行います。

減目段：＊表編み1目、右上2目一度、表編み9（11、12、14、15）目、左上2目一度、表編み1目、シードステッチライン（3目）、表編み15（17、18、20、21）目、シードステッチライン（3目）＊、＊～＊をあと5回繰り返す →204（228、240、264、276）目になります。

次段：＊表編み13（15、16、18、19）目、シードステッチライン（3目）、表編み15（17、18、20、21）目、シードステッチライン（3目）＊、＊～＊をあと5回繰り返す

編み始めから25cmになるまで増減目なく模様の流れに沿って編み進めます。

減目段2回め：＊表編み13（15、16、18、19）目、シードステッチライン（3目）、表編み1目、右上2目一度、表編み9（11、12、14、15）目、左上2目一度、表編み1目、シードステッチライン（3目）＊、＊～＊をあと5回繰り返す →192（216、

228、252、264）目になります。

次段：＊表編み13（15、16、18、19）目、シードステッチライン（3目）＊、＊～＊を繰り返す

編み始めから30.5［31.5、31.5、34.5、34.5］cmになるまで増減なく模様の流れに沿って編みます。

減目段3回め：＊表編み1目、右上2目一度、表編み7（9、10、12、13）目、左上2目一度、表編み1目、シードステッチライン（3目）、表編み13（15、16、18、19）目、シードステッチライン（3目）＊、＊～＊をあと5回繰り返す →180（204、216、240、252）目になります。

次段：＊表編み11（13、14、16、17）目、シードステッチライン（3目）、表編み13（15、16、18、19）目、シードステッチライン（3目）＊、＊～＊をあと5回繰り返す

編み始めから34.5［38、38、40.5、40.5］cmになるまで増減なく模様の流れに沿って編み進めます。

減目段4回め：＊表編み11（13、14、16、17）目、シードステッチライン（3目）、表編み1目、右上2目一度、表編み7（9、10、12、13）目、左上2目一度、表編み1目、シードステッチライン（3目）＊、＊～＊をあと5回繰り返す →168（192、204、228、240）目になります。

次段：＊表編み11（13、14、16、17）目、シードステッチライン（3目）＊、＊～＊を繰り返す

編み始めから38［43、43、45.5、45.5］cmになるまで増減なく模様の流れに沿って編み進めます。

減目段5回め：＊表編み1目、右上2目一度、表編み5（7、8、10、11）目、左上2目一度、表編み1目、シードステッチライン（3目）、表編み

11（13、14、16、17）目、シードステッチライン（3目）＊、＊～＊をあと5回繰り返す →156（180、192、216、228）目になります。

次段：＊表編み9（11、12、14、15）目、シードステッチラインに沿って編む＊、表編み11（13、14、16、17）目、シードステッチライン（3目）＊、＊～＊をあと5回繰り返す

編み始めから40.5［45.5、45.5、51、51］cmの長さになるまで増減なく模様の流れに沿って編み進めます。

身頃（上部分）を編む

セットアップ段：＊裏編み1目、0（1、1、0、0）目増し目、次のマーカー位置まで裏編み、SM、シードステッチライン（3目）、SM＊、＊～＊をもう一度繰り返す →156（182、194、216、228）目になります。

次段：＊次のマーカーまで表編み、SM、シードステッチライン（3目）、SM＊、＊～＊をもう一度繰り返す

次段：＊次のマーカーまで裏編み、SM、シードステッチライン（3目）、SM＊、＊～＊をもう一度繰り返す

次段：＊次のマーカーまで表編み、SM、シードステッチライン（3目）、SM＊、＊～＊をもう一度繰り返す

次段：＊表編み5（2、5、1、4）目、ウエストバンドのチャートの1段め（1模様19目繰り返し）を3（4、4、5、5）回、ウエストバンドのチャートの編み終わり8目、表編み5（2、5、1、4）目、SM、シードステッチライン（3目）、SM＊、＊～＊をもう一度繰り返す

シードステッチライン（3目）を維持しながら、ウエストバンドの2段～9段めを編みます。

次段：＊次のマーカーまで表編み、SM、シードステッチライン（3目）、SM＊、＊～＊をもう一度繰り返す

次段：＊次のマーカーまで裏編み、SM、シードステッチライン（3目）、SM＊、＊～＊をもう一度繰り返す

次段：＊次のマーカーまで表編み、SM、シードステッチライン（3目）、SM＊、＊～＊をもう一度繰り返す

次段（増し目段）：＊裏編み1目、1（1、1、0、0）目増し目、裏編み73（87、93、104、110）目、1（0、0、0、0）目増し目、裏編み1（0、0、0、0）目、

メモ
輪編みをする場合は、全て
のチャートを右から左へ読
みます。往復編みの場合は、
表側を見て編む段は右から
左、裏側を見て編む段は左
から右へ読みます。

チャート：模様A

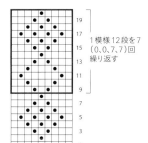

1模様12段を7
（0、0、7、7）回
繰り返す

チャート：マチ（身頃側下部分）

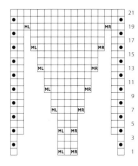

編み図記号

□　表側：表編み
　　裏側：裏編み

●　表側：裏編み
　　裏側：表編み

ML　左ねじり増し目

MR　右ねじり増し目

□　模様の繰り返し

チャート：模様B

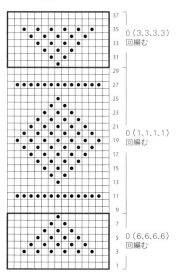

0（3、3、3、3）
回編む

0（1、1、1、1）
回編む

0（6、6、6、6）
回編む

チャート：模様C

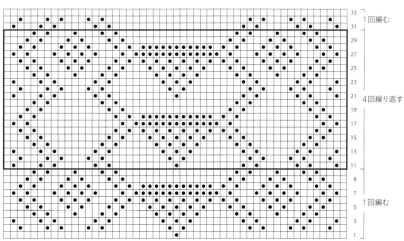

1回編む

4回繰り返す

1回編む

SM、シードステッチライン（3目）、SM*、*〜
*をもう一度繰り返す →160（184、196、216、
228）目になります。

胸囲サイズ90cmのみ

セットアップ段：（次の通り、模様A、Cの1段
めを始めます）*表編み2目、シングルシード、
模様A（9目）、シングルシード、模様C（51目）、
シングルシード、模様A（9目）、シングルシード、
表編み2目、シードステッチライン（3目）、
SM*、*〜*をもう一度繰り返す

胸囲サイズ104（110.5）cmのみ

セットアップ段：（模様B、Cのチャート1段めを
編み始めます）*表編み2（5）目、シングルシー
ド、模様B（15目）、シングルシード、模様C（51
目）、シングルシード、模様B（15目）、シング
ルシード、表編み2（5）目、シードステッチラ
イン（3目）、SM*、*〜*をもう一度繰り返す

胸囲サイズ122（129）cmのみ

セットアップ段：（模様A、B、Cのチャート1段
めを編み始めます）*表編み0（3）目、シング
ルシード、模様A（9目）、シングルシード、模
様B（15目）、シングルシード、模様C（51目）、
シングルシード、模様B（15目）、シングルシー
ド、模様A（9目）、シングルシード、表編み0（3）
目、シードステッチライン（3目）、SM*、*〜*
をもう一度繰り返す

全サイズ共通

ウエストバンドの編み始めから14［12.5、11.5、
11、9.5］cmになり、シードステッチラインの2
段めを編み終えたところで、脇下のマチを編み
始めます。**それと同時に、**引き続き模様のチャー
トを指示にしたがって編みます。模様Aの2段
め〜20段めを1（0、0、1、1）回、さらに9段〜
20段めをあと6（0、0、6、6）回、表目の編み
地1（0、0、3、3）段、模様Bの2段め〜8段め
を0（1、1、1、1）回、さらに1段〜8段めを0（5、
5、5、5）回、9段〜29段めを0（1、1、1、1）回、
30段〜37段めを0（3、3、3、3）回、表目の
編み地0（0、1、2、2）段編む、模様Cの2段

〜10段めを1回、11段〜30段めを4回繰り返
し、31段〜33段めを1回編み、表編みの編み
地0（0、1、2、2）段編みます。

脇下のマチを編む

次段（増し目段）：*次のマーカー位置までチャー
トの指示にしたがって編む、SM、表編み1目、
右ねじり増し目、表編み1目、左ねじり増し目、
表編み1目、SM*、*〜*をもう一度繰り返す
→マチの目が4目増えました。
模様の流れに沿って編みながら、マチ（身頃側
の下部分）のチャートの2段め〜21段めを編みま
す。→188（212、224、244、256）目になります。
そのうち、前身頃と後身頃はそれぞれ77（89、
95、105、111）目、マチは両端それぞれ17目。

前身頃と後身頃を分けて編む

それぞれのチャートの最後の段を編み終えたと
ころです。

次段：模様の流れに沿って編みながら次のマーカーの位置まで編む、RM、次のマチの17目をステッチホルダー（または別糸）に移す、後身頃77（89、95、105、111）目を別のステッチホルダー（または別糸）に移す、残りのマチの17目も別のステッチホルダー（または別糸）に移す →針には前身頃77（89、95、105、111）目があります。

前身頃を編む

往復編みで、チャートの指示にしたがって編み進めます。編み終えたらステッチホルダーに移します。

後身頃を編む

糸をつけて、チャートの指示にしたがって、前身頃と同様に往復編みします。編み終えたらステッチホルダーに移します。

肩をはぐ

左肩の首のマチを編む

左前肩の26（32、35、40、43）目を棒針に移し、さらに左後肩26（32、35、40、43）目も別の棒針に移します。または、80cmの輪針を使う場合は、前後の肩を1本の輪針に移して、左右の肩のアームホール側が両端の針先にくるようにします。前後の肩を中表にして（左後肩の裏側が自分に向くように）左手に、何もついていない棒針を右手に持ち、アームホール側で糸をつけ、左右の肩の目がそれぞれ6目残るまでスリーニードル・バインドオフ（79ページ）ではぎます。編み地を表側に向けます。

右手の針の1目を維持し、左前肩の針を左手に持ち、表側を見ながら、次の通り逆三角形の首のマチのチャートを見て編み進めます。

1段め：（表側）チャートの最初の目はすでに右針にのっている1目とし、続けて前肩から表編み1目、編み地を返す

2段め：（裏側）糸を手前にして裏編みをするように針を入れてすべり目1目、裏編み1目、肩の目から裏編み1目、編み地を返す

3段め：糸を向こう側にして表編みをするように針を入れてすべり目1目、表編み2目、前肩の目から表編み1目、編み地を返す

逆三角形の首のマチのチャート4段〜13段めを編みます。 →首のマチが13目になります。13目をステッチホルダーに移します。

右肩の首のマチを編む

前身頃の裏側を自分の方に向けて左手に持ち、アームホール側で糸をつけ、左肩と同様にスリーニードル・バインドオフ（79ページ）で前後それぞれ6目残るまではぎます。右後肩の針を左手に持ち、首のマチを作ります。

袖を編む

休めていた脇下のマチ17目を輪針40cmに移します。編み地の表側を見て、アームホールから均等に67（72、76、81、85）目拾います。→84（89、93、98、102）目になります。編み始めの位置にマーカーを付けて、輪に編みます。

1段め：マチ（袖側の上部分）のチャート1段めを編む、（残りの袖）段の編み終わりまで裏編み

2段め：（減目段）マチ（袖側の上部分）のチャートの2段め、表編み5（8、10、12、14）目、PM、袖の模様のチャート2段め（57目）、PM、表編み5（7、9、12、14）目 →マチの目が2目減りました。

模様の流れに沿って編みながら、マチ（袖側の上部分）のチャート3段〜21段め、袖の模様3段〜33段めを1回編んでから、続けて14段〜34段めを1回編みます。 →マチ（袖側の上部分）を編み終えると、70（75、79、84、88）目になります。

外郭寸法表

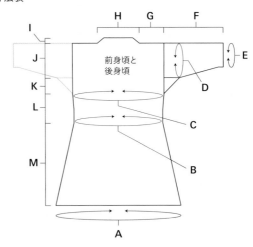

前身頃と後身頃

A	124.5 [138、145、158、165] cm
B	88.5 [101.5、108.5、122、129] cm
C	90 [104、110.5、122、129] cm
D	39.5 [42.5、44.5、47.5、49.5] cm
E	23 [23、25.5、28、29] cm
F	29 [31.5、31.5、33、35.5] cm
G	1.5 [14.5、16.5、19、21] cm
H	21cm
I	2.5cm
J	16.5 [18、19、20.5、21.5] cm
K	7.5cm
L	14 [12.5、11.5、11、9.5] cm
M	40.5 [45.5、45.5、51、51] cm

チャート：マチ（袖側の上部分）

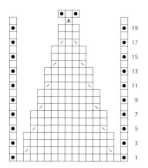

チャート：逆三角形の首のマチ

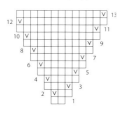

チャート：袖の模様

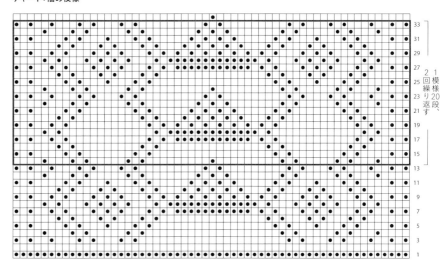

模様20段、2回繰り返す

編み図記号

□	表側：表編み、裏側：裏編み
●	表側：裏編み、裏側：表編み
／	左上2目一度
＼	右上2目一度
／｜＼（中上3目一度）	中上3目一度
□	模様の繰り返し
Ｖ	表側：糸を向こう側にしてすべり目　裏側：糸を手前にしてすべり目

シードステッチライン3目を維持しながら、増減なく平らに2段編みます。

減目段：シードステッチライン（3目）、表編み1目、右上2目一度、編み終わり3目手前まで編む、左上2目一度、表編み1目 →袖の目が2目減りました。
5段ごとに上記の減目を14（16、16、16、17）回繰り返します。→40（41、45、50、52）目になります。**それと同時に、**袖の模様を編み終えたら、シードステッチライン3目を維持しながら、ガーター編み4段（［表編み1段、裏編み1段］×2）編みます。

シードステッチライン3目を維持しながら、減目

がすべて終わるまで表編みの編み地を編みます。袖丈が26.5［29、29、30.5、33］cm、またはでき上がりの丈よりも2.5cm短い長さになるまで続けます。ガーター編みを2.5cm編み、最後の段は裏編みで終わります。表編みしながら伏せ止めします。

襟を編む

編み地の表側を見て、首のマチ（左右各13目）と休めていた前身頃の25目、さらに後身頃の25目を輪針40cmに戻します。→76目になります。右後肩を編み始めの位置としてマーカーを付け、輪に編みます。

1段め：裏編み
.
2段め：表編み

2.5cm編めるまで、上記の1段〜2段めを繰り返し、最後の段を裏編みで終わります。表編みをしながらゆるめに伏せ止めします。

仕上げをする

糸端を始末します。指定寸法にブロッキングします。必要があれば、仕上げた作品を裏返しにして、アイロンが編み地に触れないように注意してスチームします。

2016年に、アラスカ州コルド
バで開催されたFisher Folk
（フィッシャーフォーク）という
素晴らしいイベントに参加しま
した。それは、過去から現
在に至るまでの漁師たちのこ
と、魚のこと、そして漁業に
携わる人々の衣類を編む人々
や編み物そのものを称える主
旨のものでした。これを企画
したのは、地元の有名なクラ
フトショップ「*The Net Loft*
（ネットロフト）」のオーナー、
ドッティ・ウィドマンさん。ドッ
ティさんが、イベントで編み
物を教えてくれないかと私を
招待してくれたのです。ドッ
ティさんは自身がデザインした
ガンジー型のニードルゲージ
など、たくさんのかわいい編
み物小物を私にプレゼントし
てくれました。そのときのニー
ドルゲージがとても素敵で、
そのニードルゲージをもとに
デザインしたのが、この作品
です。また、ドッティさんは、
コーンウォールの糸メーカー
のFrangipani（フランジパニ）
に、コルドバ周辺の水の色を
イメージした糸を作ってもらえ
ないかと依頼し、この作品は
その色を使用しています。

cordova

コルドバ

でき上がりサイズ

胸囲
88.5［98、108、117.5、127.5、137］cm

丈
57［57、59.5、59.5、62、62］cm

写真の掲載作品の胸囲は88.5cm

糸

#2 スポーツウエイト
1372［1519、1749、1905、2157、2320］m

使用糸：Frangipani 5-ply Guernsey（フランジ
パニ　5プライ　ガーンジー）ウール100%
220m / 100g

カラー：コルドバ
（グレーがかったブルーグリーン）
7（7、8、9、10、11）カセ

針

1号針（2.5mm）：輪針40cmと80cm、
棒針4〜5本

0号針（2mm）：輪針80cm（必要に応じて
ガーター編みに使用）

正しいゲージになるように、必要に応じて針の
サイズを調整してください。

そのほかの用具

ステッチマーカー
ステッチホルダー（または別糸）
とじ針
ボタン（直径1cm）3個

ゲージ

表目の編み地（1号）：29目42段（10cm）

本作品に登場するテクニック

脇下のマチ（マチの内側で増減目する）、垂直に
作るショルダーストラップを編みながら前後の肩
をつなぐ、ボタン付きカラー

作り方メモ

この作品は、リブ編みから始まり、オプションで
イニシャルを入れることができます。脇下まで輪
編み、その後は前後の身頃を分けて、往復編み
します。脇下のマチは、マチの内側で増減目をし
て形を作ります。ネット模様のショルダーストラッ
プを作りながら前後の肩をつなぎ合わせます。袖
はアームホールから目を拾い、袖口まで編みます。
ネックラインは少しだけ形を作ります。襟は、ネッ
クラインから目を拾い、往復編みしながらボタン
ホールを作ります。仕上げにボタンを付けます。

リブを編む

輪針80cmを使い、ロングテール・キャストオン（21ページ）で250（280、305、335、360、390）目を作ります。編み始めの位置にマーカーを付け（以降「マーカーを付ける」はPMと表記）、目がねじれないように注意しながら輪に編みます。

次のように、リブまたはリブのチャートの指示にしたがって編みます。

1段め：表編み2目、［裏編み2目、表編み3目］を編み終わりの3目手前まで繰り返す、裏編み2目、表編み1目

2段め：裏編み1目、表編み1目、［裏編み2目、表編み1目、裏編み1目、表編み1目］を編み終わりの3目手前まで繰り返す、裏編み2目、表編み1目

リブ丈が7cmになるまで編み、リブの最後の段はチャートの1段めとし、その際に等間隔に2（0、3、1、4、2）目増し目しながら編みます。→252（280、308、336、364、392）目になります。

身頃（下部分）を編む

プレーン地（表目の編み地）を編む

次段：＊裏編み1目、表編み125（139、153、167、181、195）目＊、＊〜＊をもう一度繰り返す

上記を2.5cmになるまで繰り返します。

イニシャルを入れる

必要に応じて、イニシャルを入れることができます。作品では魚の模様も入れていますが、入れても入れなくてもどちらでも構いません。プレーン地にイニシャルや魚の模様を入れる場合は、空白のチャート（31ページ）にイニシャルを描き、編み始めの7目を編んでから始めます（作品の掲載写真は、イニシャルの下に2匹の魚が向かい合った模様を入れています）。

イニシャル、または魚の模様を編み終えたら、シームステッチの裏目1目を維持しながら表編みをして、編み始めから23［23、25.5、25.5、28、28］cmになるまで編みます。

模様を編む

身頃と脇下のマチの境界ラインを編む

メモ：必要に応じて、境界ラインのガーター編みをする際は、身頃より1サイズ下の輪針を使います。

ステッチガイド

SSKバインドオフ

1. 右上2目一度
2. 表目を編むように針を入れてすべり目1目
3. 右針の2目に手前から左針を入れ
4. ねじり左上2目一度、2.〜4.を繰り返す

コルドバをデザインするきっかけになったニードルゲージ

チャート：魚の模様

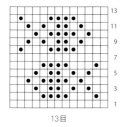

13目

チャート：リブ

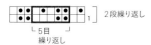

5目
繰り返し

2段繰り返し

編み図記号

☐ 表側：表編み、裏側：裏編み

・ 表側：裏編み、裏側：表編み

☐ 模様の繰り返し

模様を編んでいる最中に、マチ（身頃側の下部分）が始まるため、以下の模様編みセクションを慎重に確認しながら編み進めてください。

1段～36段め：*裏編み1目、境界ラインのチャート（1模様14目繰り返し）を編む、次のシームステッチの13目手前まで編んだらチャートの最後の13目を編む*、*～*をもう一度繰り返す

元の号数の針（1号針）に戻します（0号針でガーター編みした場合）。セーターのサイズに応じて、次の通り編みます。

セットアップ段：*裏編み1目、表編み2（3、2、2、3）目、ブロック模様16（22、28、28、28、28）目、トライアングル模様0（0、0、7、12、18）目、左斜め上模様14目、ハシゴ模様13（13、15、15、17、17）目、ダイヤモンド模様35目、ハシゴ模様13（13、15、15、17、17）目、右斜め上模様14目、トライアングル模様0（0、0、7、12、18）目、ブロック模様16（22、28、28、28、28）目、表編み2（3、2、2、3）目*、*～*をもう一度繰り返す

それと同時に、編み地が編み始めから31.5［30.5、31.5、28.5、30、28.5］cmになったら、次の通りマチ（身頃側の下部分）を編み始めます。

1段め：裏目の右ねじり増し目、裏編み1目、裏目の左ねじり増し目、PM、シームステッチ、PM、裏目の右ねじり増し目、裏編み1目、裏目の左ねじり増し目、PM、チャートの指示にしたがって段の編み終わりまで編む →マチの目が4目増えました。

チャートの指示にしたがって、マチ（身頃側の下部分）を2段～33（33、33、41、41、41）段めまで編む → 292（320、348、384、412、440）目になります。そのうち、前身頃と後身頃

にはそれぞれ125（139、153、167、181、195）目、マチは両端それぞれ21（21、21、25、25、25）目。

身頃（上部分）を編む

後身頃を編む

マチの21（21、21、25、25、25）目をステッチホルダー（または別糸）に移し、次のマーカー位置までチャートの指示にしたがって編んだら、もう片側のマチ21（21、21、25、25、25）目を別糸に移します。残りの125（139、153、167、181、195）目を前身頃の目としてステッチホルダー（または別糸）に移します。→後身頃125（139、153、167、181、195）目が針にあります。

前身頃と後身頃を別々に往復編みします。チャートの指示にしたがって模様編みを引き続き編み、ダイヤモンド模様は計3模様ができたら、その後は表目の編み地を編みます。編み始めから55［55、58、58、60.5、60.5］cmになるまで編みます。編み終えたら後身頃の目を別糸に移します。

前身頃を編む

前身頃125（139、153、167、181、195）目を輪針に戻します。チャートの指示にしたがって模様を引き続き編みます。ダイヤモンド模様は計3模様なので、1段～69段めで2模様を編み、36段～69段めを繰り返して残りの1模様を編みます。70段～77段まで進み、前身頃よりも1.3cm短い高さになるまで編みます。最後は裏側を編む段で終わります。

ネックラインの形を作る

メモ：ガンジーを着ていることを想像しながら、右側と左側を確認しながら編みましょう。

右肩を編む

1段め：（表側）43（49、55、61、66、70）目をチャートの指示にしたがって模様を引き続き編む、左肩をステッチホルダーに移す、次の39（41、43、45、49、55）目を伏せ止め（ネックライン）、残りをチャートにしたがって編む →左右の肩にはそれぞれ43（49、55、61、66、70）目があります。

2段め：（裏側）チャートの指示にしたがって編む

3段め：3目伏せ目、編み終わりまでチャートにしたがって編む → 40（46、52、58、63、67）目になります。

4段め：増減なく編み、編み終えたらステッチホルダーに移す

左肩を編む

左肩43（49、55、61、66、70）目を輪針40cmに戻します。ネックライン側に糸をつけ、下記の通り、裏側の段を編みます。

2段め：（裏側）3目伏せ目、編み終わりまでチャートにしたがって編む →40（46、52、58、63、67）目になります。

3段め：（表側）チャートの指示にしたがって編む

4段め：増減なく編み、編み終えたらステッチホルダーに移す

ショルダーストラップを編む

右肩のショルダーストラップを編む

棒針に、インビジブル・キャストオン（74ページ）で13目作ります。別糸は外さないでください。

右前肩40（46、52、58、63、67）目を別の棒針に戻し、右後肩の40（46、52、58、63、67）目をさらに別の棒針に移します。または、輪針80cmを使う場合は、前後の肩を1本の輪針に移して、それぞれのネックライン側が両端の針先にくるようにします。この時点では右後肩の針は手に持たずに置いておきます。

右前肩の編み地の表側を向けて針を左手に持ち、ショルダーストラップの作り目の針を右手に持ちます。右前肩のネックライン側の目を表編み1目したら、ショルダーストラップの最後の目をかぶせます。編み地を返します。

1段め：（裏側）（ショルダーストラップのチャート1段め）糸を手前にして裏編みをするように針を入れてすべり目1目、表編み1目、裏編み9目、表編み1目、ショルダーストラップの最後の目と右後肩のネックライン側の1目を一緒に裏編み（裏目の左上2目一度）、編み地を返す

2段め：（表側）（ショルダーストラップのチャート2段め）糸を向こう側にして裏編みをするように針を入れてすべり目1目、裏編み2目、表編み3目、裏編み1目、表編み3目、裏編み2目、ショルダーストラップの最後の目と右前肩の目を右上2目一度、編み地を返す

チャートの指示にしたがって、ショルダーストラップのチャート3段め～9段めを編み、肩の目がすべてなくなるまで2段～9段めを繰り返します。→ショルダーストラップの13目が残ります。13目をステッチホルダーに移します。

左肩のショルダーストラップを編む

棒針に、インビジブル・キャストオン（74ページ）で13目を作ります。別糸は外さないでください。

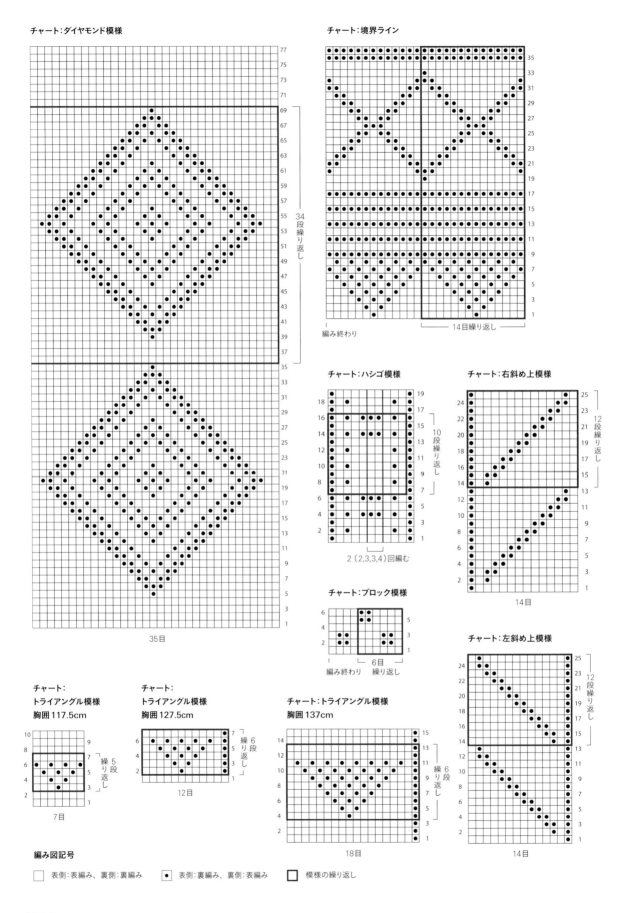

チャート:ダイヤモンド模様

34段繰り返し

35目

チャート:境界ライン

14目繰り返し

編み終わり

チャート:ハシゴ模様

10段繰り返し

2（2,3,3,4）回編む

チャート:右斜め上模様

12段繰り返し

14目

チャート:ブロック模様

6目繰り返し

編み終わり

チャート:左斜め上模様

12段繰り返し

14目

チャート:
トライアングル模様
胸囲117.5cm

5段繰り返し

7目

チャート:
トライアングル模様
胸囲127.5cm

6段繰り返し

12目

チャート:トライアングル模様
胸囲137cm

6段繰り返し

18目

編み図記号

☐ 表側:表編み、裏側:裏編み　　● 表側:裏編み、裏側:表編み　　☐ 模様の繰り返し

チャート：マチ（身頃側の下部分）

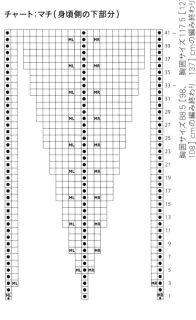

胸囲サイズ117.5［127.5, 137］cmの編み終わり
胸囲サイズ88.5［98, 108］cmの編み終わり

チャート：マチ（袖側の上部分）

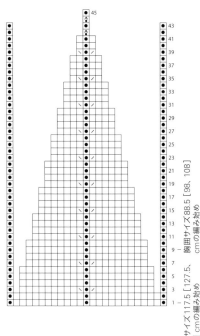

胸囲サイズ88.5［98, 108］cmの編み始め
胸囲サイズ117.5［127.5, 137］cmの編み始め

チャート：袖

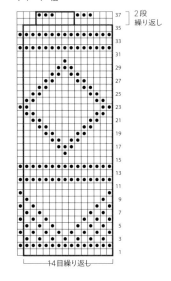

2段繰り返し

14目繰り返し

チャート：ショルダーストラップ

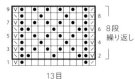

8段繰り返し

13目

編み図記号

□	表側：表編み、裏側：裏編み
●	表側：裏編み、裏側：表編み
／	表側：左上2目一度　裏側：裏目の左上2目一度
＼	右上2目一度
▲	裏目の中上3目一度
ML	左ねじり増し目（ループ左が上）
MR	右ねじり増し目（ループ右が上）
MR（裏）	裏目の右ねじり増し目
ML（裏）	裏目の左ねじり増し目
V	表側：糸を向こう側にしてすべり目　裏側：糸を手前にしてすべり目
■	模様の繰り返し

左前肩40（46、52、58、63、67）目を別の棒針に戻し、左後肩の40（46、52、58、63、67）目をさらに別の棒針に移します。または、輪針80cmを使う場合は、前後の肩を1本の輪針に移して、左右の肩のネックライン側が両端の針先にくるようにします。

左後肩の編み地の表側を向けて針を左手に、ショルダーストラップの作り目の針を右手に持ちます。左後肩のネックライン側の目を表編み1目したら、ショルダーストラップの最後の目をかぶせます。編み地を返します。
右肩と同様に編みます。

襟を編む

メモ：この作品では、ボタン付きカラーを作るため、襟を往復編みします。

左右のショルダーストラップの作り目の別糸を注意してほどき、13目を棒針に拾います。拾った目のループがすべて同じ方向で針にかかるようにします。

輪針40cmに、編み地の表側を見ながら、左肩のショルダーストラップから8目を右の針先を使って編まずにすべり、残りの5目、左前のネックラインから6目拾います。続けてネックラインの伏せ止めから39（41、43、45、49、55）目、右前のネックラインから6目、さらに右肩のショルダーストラップの13目、後身頃の伏せ止めから45（47、49、51、55、61）目、最後に左肩の8目すべった目を拾います。→122（126、130、134、142、154）目になります。往復編みします。

メモ：ボタンを作り目の中央の位置につけたいので、ボタンホールは左肩のストラップの中央に作ります。

1段め：（裏側）表編みをしながら等間隔に4目増し、編み終わったら7目作る →133（137、141、145、153、165）目になります。
2段め：（表側）表編み7目、PM、表編み2目、*裏編み2目、表編み2目*、*～*を編み終わりの4目手前まで繰り返す、表編み4目

3段め、裏側を編むすべての段：表編み4目、裏編み2目、*表編み2目、裏編み2目*、*～*を次のマーカー位置まで繰り返す、マーカーを移す（以降SMと表記）、表編み7目

4段め：（表側）表編み7目、SM、表編み2目、*裏編み2目、表編み2目*、*～*を編み終わりの4目手前まで繰り返す、表編み4目

6段、12段、18段め（ボタンホールを作る段）：（表側）表編み3目、かけ目、左上2目一度、表編み2目、SM、これまでの流れに沿って引き続き編む

8段、10段、14段、16段め：4段めと同様に編む
20段め：SSKバインドオフ（164ページ）で伏せ止めします。

袖を編む

40cm輪針で、編み地を表側に見て、休めていたマチとシームステッチ21（21、21、25、25、25）目をマチ（袖側の上部分）のチャートの指示にしたがって編みます。45（49、52、58、61、65）目をアームホールから拾い、ショルダーストラップを編み方の流れに沿って引き続き編み、さらにアームホールから45（49、52、58、61、65）目を拾います。→124（132、138、154、160、168）目になります。編み始めの位置としてマーカーを付け、輪に編みます。

次段：マチ（袖側の上部分）のチャートの10

（10、10、2、2、2）段めをマーカー位置まで編む、SM、段の終わりまで裏編み

次段：マチ（袖側の上部分）のチャートの11（11、11、3、3、3）段めをマーカー位置まで編む、表編み2（6、2、1、4、1）目、袖のチャート1段めの1模様14目を7（7、8、9、9、10）回繰り返す、袖のチャートの最後の目を編む、表編み2（6、2、1、4、1）目、→マチの目が2目減りました。

引き続き、チャートの指示にしたがって、マチ（袖側の上部分）のチャート12（12、12、4、4、4）段〜45段めを編みます。2段〜35段めを編んだら、2段〜35段め、袖のチャートの36段〜37段めを5cmになるまで繰り返します。→104（112、118、130、136、144）目になります。それと同時に、マチ（袖側の上部分）のチャート45段を編み終えたら、次は袖の目を減目しながら袖の形を作ります。

減目段：裏編み1目、マーカーを外す、右上2目一度、チャートの指示にしたがって編み終わり2目手前まで編む、左上2目一度 →袖の目が2目減りました。

シームステッチを維持しながら、袖のチャートを編み進め、上記の減目を7段ごとに10（0、0、0、0、0）回、6段ごとに10（17、22、0、4、0）回、続けて5段ごとに0（7、2、27、24、20）回、さらに4段ごとに0（0、0、1、0、12）回行います。→62（62、68、72、78、78）目になります。

それと同時に、袖のチャートを編み終えたら、ガーター編みを3段編みます（裏編み1段、表編み1段、裏編み1段）。その後は、拾い目から40.5（42、43、44.5、45.5、47）cm、または希望の丈より7.5cm短い丈になるまで、表編みします。

袖のリブを編む

減目段：裏編み1目、等間隔に7（7、8、7、8、8）目を減目しながら編み終わりまで表編み →55（55、60、65、70、70）目になります。

次段：表編み2目、*裏編み2目、表編み3目*、*〜*を編み終わり3目手前まで繰り返す、裏編み2目、表編み1目

リブ丈が7.5cmになるまでリブのチャートを繰り返します。SSKバインドオフで伏せ止めします。

仕上げをする

糸端を始末します。ボタンホールの位置に合わせて、襟にボタンを付けます。指定寸法にブロッキングします。

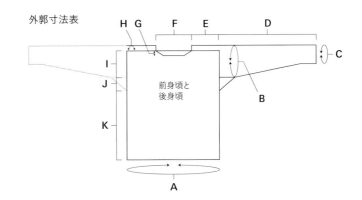

外郭寸法表

前身頃と後身頃

A	88.5 [98、108、117.5、127.5、137] cm
B	36 [39.5、41.5、45.5、47.5、50] cm
C	19 [19、21、23、25、25] cm
D	48.5 [49.5、51、52、53.5、54.5] cm
E	14 [16、18.5、20.5、22、23.5] cm
F	16 [16.5、17、18、19、21.5] cm
G	1.3cm
H	4.5cm
I	15 [16.5、18、19、20.5、21.5] cm
J	8.5 [8.5、8.5、10、10、10] cm
K	31.5 [30.5、31.5、28.5、30、28.5] cm

バッキングボタン（チカラボタン）

ニット地にボタンを縫い付けると、必ずしも安定した状態を保てるとは限りません。ボタンを付けたり外したりすることで、編み地を引っ張ることになり、そうした動作を繰り返すことで、結果的に編み地が破れてしまうことにもなりかねません。そこで、バッキングボタン（チカラボタン）にすることで、負荷がかかりすぎないように補強し、よりプロフェッショナルな仕上がりにも見えます。バッキングボタンは、安価で透明なプラスチック製のボタンを用意します。表ボタンの裏側に付けますので目立つものではありません。表ボタンと同じ、もしくは少し小さいサイズのボタンを購入し、ボタンの穴の数も一致したものを選ぶといいでしょう。 シャンクボタン（脚付きボタン）の場合は、2つ穴のバッキングボタンを使いましょう。

ボタンを縫い付ける

ボタンを付ける位置に2本のTピンを直角に置いて「x」の形を作ります（シャンクボタンの場合は不要です）。2つのボタン（表ボタンとバッキングボタン）の間にTピンを挟んで縫うことで、空間を作る役割をするため、ボタンがきつくなりすぎずに仕上がります。

1. 針に糸を通し、糸を2重にして縫えるように2本の糸の端に結び目を作ります。
2. ボタンを付ける位置にピンを配置します。
3. 裏側に目を作り、2本の糸の間に針を通して編み地に糸を固定します。
4. 編み地の裏側にはバッキングボタンのクリアボタン、表側には表ボタンを縫い付けます。
5. 固定するには、針を編み地の裏側へもっていき、バッキングボタンの穴に数回糸を通し、2本の糸の間に針を入れて引っ張ります。 別の結び目を作り、糸を切ります。

本書の初版では、メアリー・ライト著『*Cornish Guernseys & Knit-frocks*』で見た、素晴らしい歴史ある模様を使って子供ガンジーをデザインしました。毎年、同じデザインの大人版をデザインしようと思いながら、ほかの仕事に追われ、その計画は後回しになっていました。UptonYarns（アップトンヤーン）社のサラ・レイクが作った糸（なんと！アメリカ製のガンジーの糸です）を見つけたとき、その美しいシルバーグレーの5本撚りの糸に魅了され、まさにどんなガンジーができ上がるのか想像できたのです。

snakes
& ladders

スネーク＆ラダー

でき上がりサイズ

胸囲
89.5［99.5、110、120、130］cm

丈
61（61、63.5、66、68.5）cm

写真の掲載作品の胸囲は89.5cm

糸

#2 スポーツウエイト
2497（2782、3195、3634、4086）m

使用糸：Upton Yarns Coopworth 5-ply Gansey
（アップトンヤーン社　クープウォース5プライ　ガン
ジー）　ウール100％
219m / 140g

カラー：ナチュラルグレー
8（9、10、12、14）カセ

針

0号針（2.25mm）：輪針80cm、
棒針4～5本
（ガーター編みで境界ラインを編む）

2号針（2.75mm）：輪針40cmと80cm、
棒針4～5本

正しいゲージになるように、必要に応じて針の
サイズを調整してください。

そのほかの用具

ケーブル針
ステッチマーカー
ステッチホルダー（または別糸）
とじ針

ゲージ

表目の編み地（2号）：28目36段（10cm）
スネーク＆ラダー模様（2号）：36目42段（10
cm）

本作品に登場するテクニック

ガーターウェルト、編み地を外表にスリーニード
ル・バインドオフ（79ページ）、脇下のマチ、逆
三角形の首のマチ

作り方メモ

スネークのようなケーブル模様を入れたガンジー。
ケーブル模様は、ハシゴのような表目と裏目の縦
の模様で区切られています。メアリー・ライトの作
品よりもケーブル模様の目数を減らし、ケーブル
模様間の目数も減らすことで、模様が際立つよう
にデザインしました。この作品は、ロングテール・
キャストオン（21ページ）で作り目し、ガーターウェ
ルトを編み始めます。シームステッチは、両側に
5目。脇下のマチを編む際は、両端2目ずつマチ
の周りを囲み、残り1目はマチを二等分するよう
に中央に配置されます。ネックラインの形は作ら
ずに、逆三角形の首のマチを入れます。肩は、
編み地を外表にしてスリーニードル・バインドオフ
（79ページ）ではぎ、表側にはぎ線がでるように
します。袖には3本のケーブル模様を入れ、襟は
ガーター編みのリブを編みます。丈を調整する場
合は、プレーン地の段数で行います。

ステッチガイド

右上4目交差

1. 4目をケーブル針に移して編み地の手前に置く
2. 次の4目を表編み
3. ケーブル針の4目を針に戻し、表編み4目

左上4目交差

1. 4目をケーブル針に移して編み地の向こう側に置く
2. 次の4目を表編み
3. ケーブル針の4目を針に戻し、表編み4目

身頃（下部分）を編む

2号輪針（80cm）に、ロングテール・キャストオン（21ページ）で218（242、270、290、314）目作ります。編み始めの位置にマーカーを付け（以降「マーカーを付ける」はPMと表記）、目がねじれないように注意しながら輪に編み始めます。

ガーターウェルトを編む

1段め： 裏編み

2段め： 表編み

上記の1段～2段めを編み始めから2.5cmの高さになるまで繰り返し、最後は1段め（裏編み）で終わります。

プレーン地を編む

セットアップ段①： 表編み2目、PM、表編み105（117、131、141、153）目、PM、表編み4目、PM、表編み105（117、131、141、153）目、PM（新たな編み始めの位置）、残った2目は次の段として編む

セットアップ段②：（増し目段）裏編み1目、ねじり増し目1目、裏編み1目、表編み1目、裏編み1目、マーカーを移す（以降SMと表記）、次のマーカーまで等間隔に17（19、19、23、25）目増し目しながら表編み、SM、裏編み1目、表編み1目、裏編み1目、ねじり増し目1目、裏編み1目、SM、次のマーカーまで等間隔に17（19、19、23、25）目増し目しながら表編み→254（282、310、338、366）になります。

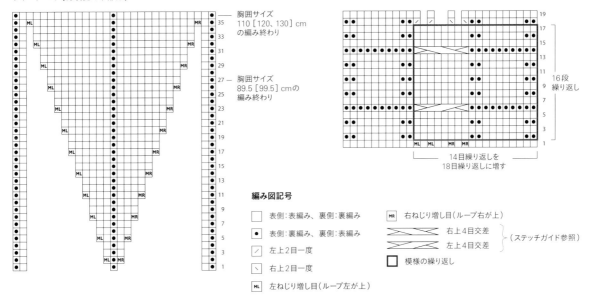

チャート：マチ（身頃側の下部分）

胸囲サイズ
110［120、130］cm
の編み終わり

胸囲サイズ
89.5［99.5］cmの
編み終わり

チャート：身頃のスネーク模様

16段
繰り返し

14目繰り返しを
18目繰り返しに増す

編み図記号

☐ 表側：表編み、裏側：裏編み

● 表側：裏編み、裏側：表編み

╱ 左上2目一度

╲ 右上2目一度

ML 左ねじり増し目（ループ左が上）

MR 右ねじり増し目（ループ右が上）

⤬ 右上4目交差
⤬ 左上4目交差 } （ステッチガイド参照）

☐ 模様の繰り返し

3段め：*［裏編み1目、表編み1目］を2回、裏編み1目、SM、表編み122（136、150、164、178）目、SM*、*〜*をもう一度繰り返す

上記の3段めを2.5cmになるまで繰り返します。必要に応じて、編み始めから7目編んだ位置からイニシャルを入れ、それ以外はこれまでの流れに沿って編み進めます。

編み始めから12.5cmになるまで、シームステッチは維持しながら、それ以外は表目の編み地（全段表編み）を続けます。

境界ラインを編む

0号輪針に替えます。

1段め：裏編み

2段め：表編み

境界ラインが2.5cmの長さになるまで、1段〜2段めを繰り返し、最後は1段め（裏編み）で終わります。

模様を編み始める

2号輪針（80cm）に戻します。

1段め：*［裏編み1目、表編み1目］を2回、裏編み1目、SM、［表編み10目、（右ねじり増し目、表編み1目）を2回、（表編み1目、左ねじり増し目）を2回］を8（9、10、11、12）回、表編み10目、SM*、*〜*をもう一度繰り返す →318（354、390、426、462）目になります。

シームステッチを維持しながら、それ以外は身頃のスネーク模様のチャート2段〜17段めを編み始めから35.5［34.5、33、34.5、35.5］cmになるまで編みます。

マチ（身頃側の下部分）を編む

1段め：*［裏編み1目、表編み1目］を2回、裏編み1目、SM、次のマーカーまで編む、SM*、*〜*を繰り返す

2段め：（増し目段）*裏編み1目、表編み1目、右ねじり増し目、裏編み1目、左ねじり増し目、表編み1目、裏編み1目、SM、次のマーカーまでチャートの指示にしたがって編む、SM*、*〜*をもう一度繰り返す →マチの目が4目増えました。

チャートの指示にしたがって、マチ（身頃側の下部分）のチャート3段〜27（27、36、36、36）段めを編みます。→354（390、438、474、510）目になります。そのうち、前身頃と後身頃はそれぞれ154（172、190、208、226）目、マチは両端それぞれ23（23、29、29、29）目。編み始めから約42［40.5、42、43、44.5］cmになります。

前身頃と後身頃を分けて編む

糸を切り、マチの23（23、29、29、29）目をステッチホルダー（または別糸）に移し、新たに糸をつけて前身頃154（172、190、208、226）目を編み、次のマチ23（23、29、29、29）目を別のステッチホルダー（または別糸）に移し、さらに後身頃154（172、190、208、226）目も別糸に移します。→針には、前身頃154（172、190、208、226）目があります。

身頃（上部分）を編む

前身頃を編む

往復編みで、前身頃が編み始めから60.5［60.5、63、65.5、68］cmになるまで、模様編みを維持しながら編み（ケーブル模様の交差を裏側で行うようなら、一旦糸を切り、もう一度右側から糸をつけて表側で交差するようにします）、最後は裏側を編んで終わります。

身頃のスネーク模様のチャートの最後の2段は、次のように編みます。

減目段：（表側）*裏編み2目、表編み6目、裏編み2目、［右上2目一度］を2回、［左上2目一度］を2回*、*〜*を編み終わり10目手前まで繰り返す、裏編み2目、表編み6目、裏編み2目 →122（136、150、164、178）目になります。

次段：（裏側）裏編みしたら、別糸に前身頃の目を移します。

後身頃を編む

後身頃154（172、190、208、226）目を2号輪針（80cm）に戻します。糸をつけて、表側から編み始めます（ケーブル模様の交差を裏側で行うようなら、一旦糸を切り、もう一度右側から糸をつけて表側で交差するようにします）。前身頃と同様に往復編みで編みます。編み終えたら、後身頃122（136、150、164、178）目を別糸に移します。

肩をはぐ

前身頃にイニシャルを入れていない場合は、前後を区別するために前身頃にマーカーを付けておくとわかりやすいです。

左肩をはぎ、マチを編む

前身頃の 40（45、50、54、59）目を棒針に移し、後身頃の 40（45、50、54、59）目を別の棒針に移します。または、輪針80cmを使う場合は、前後の肩を1本の輪針に移して、アームホール側に両端の針先がくるようにします。編み地を外表（左前身頃の表側を自分に向けた状態）にして針を左手に持ち、アームホール側で糸をつけて前後の針それぞれ7目残るまでスリーニードル・バインドオフ（79ページ）ではぎます。右手に持つ針には1目があります。

1目がある針を右手に、左前肩の目の針を左手に持ち、首のマチのチャートを次の通りに編みます。

1段め：（表側）チャートの最初の目はすでに右針にある1目とする、左前肩から表編み1目、編み地を返す

2段め：（裏側）糸を手前にして裏編みをするように針を入れてすべり目1目、裏編み1目、左後肩から裏編み1目、編み地を返す

3段め：糸を向こう側にして表編みをするように針を入れてすべり目1目、表編み2目、左前肩

から表編み1目、編み地を返す

首のマチのチャート4段〜15段めを編みます。→首のマチが15目になります。15目をステッチホルダー（または別糸）に移します。

右肩をはぎ、マチを編む

前身頃の 40（45、50、54、59）目を棒針に移し、後身頃の 40（45、50、54、59）目を別の棒針に移します。または、輪針80cmを使う場合は、前後の肩を1本の輪針に移して、アームホール側が両端の針先にくるようにします。編み地を外表（右後身頃の表側を自分に向けた状態）にして針を左手に持ち、アームホール側で糸をつけて前後の針それぞれ7目残るまでスリーニードル・バインドオフではぎます。

右後肩の針を左手に持ち、首のマチを編みます。

襟を編む

輪針40cmを使い、編み地の表側を見て、後身頃の休めている42（46、50、56、60）目を裏編み、首のマチ15目を裏編み、前身頃の休めている42（46、50、56、60）目を裏編み、首のマチ15目を裏編みして拾います。→ 114（122、130、142、150）目になります。編み始めの位置にマーカーを付け、輪に編みます。

1段め：裏編み

2段め：表編み

襟が3.2cmになるまで1段〜2段めを繰り返し、最後の段は1段め（裏編み）で終わります。裏編みをしながらゆるめに伏せ止めします。

袖を編む

マチ（袖側の上部分）を編む

メモ：アームホールから目を拾う際は、すぐ隣に編まれているハシゴ模様をガイドに、各ガーター編みの「ハシゴ」の間から5目拾うと分かりやすいです。

休めていたマチの23（23、29、29、29）目を輪針40cmに戻します。編み地の表側を見て糸をつけます。

次段：裏編み1目、表編み10（10、13、13、13）目、裏編み1目、表編み10（10、13、13、13）目、裏編み1目、PM、106（112、120、126、134）目をアームホールから均等に拾う →129（135、149、155、163）目になります。編み始めの位置にマーカーを付け、輪に編みます。

減目段：裏編み1目、表編み1目、右上2目一度、表編み7（7、10、10、10）目、裏編み1目、表編み7（7、10、10、10）目、左上2目一度、表編み1目、裏編み1目、SM、裏編み27（30、34、37、41）目、PM、裏編み52目、PM、裏編み27（30、34、37、41）目 →マチの2目が減りました。

次段：マチ（袖側の上部分）のチャートの12（12、3、3、3）段めを編む、SM、次のマーカーまで表編み、SM、次のマーカーまで袖のチャートの1段めを編む、SM、段の編み終わりまで表編み →139（145、159、165、173）目になります。そのうち、袖の目は118（124、132、138、146）目、マチは21（21、27、27、27）目。

メモ：袖の模様チャートの中央と肩のはぎ線の位置を合わせる必要があります。

マチ（袖側の上部分）のチャート13（13、4、4、4）段〜36段めを編む、袖のチャート2段〜17段めを5回編んだら18段〜19段めを1回編みます。**それと同時に、マチ（袖側の上部分）のチャートを編み終えて、123（129、137、143、151）目になったら、袖の減目を始めます。**

減目段：[裏編み1目、表編み1目]を2回、裏編み1目、SM、右上2目一度、チャートの指示にしたがって編み終わりの2目手前まで編む、左上2目一度 →袖の目が2目減りました。

上記の減目を6段ごとに20（15、0、0、0）回、次に5段ごとに3（10、23、20、12）回、4段ごとに0（0、5、10、21）回繰り返します。輪針の目が少なくなり、編みにくい場合は、棒針に替えて編みます。**それと同時に、袖のチャートを編み終えたら、袖丈は拾い目から約20.5cmになります。**

袖の境界ラインを編む

0号の輪針に替え、身頃の境界ラインと同様に、ガーター編みで2.5cm編みます。

袖（下部分）を編む

2号棒針に戻します。袖の表目の編み地とシームステッチを維持しながら、減目を繰り返して編みます。→63（65、67、69、71）目になります。

袖が拾い目から45.5［47、48.5、49.5、51］cmになるまで編みます。

袖口を編む

1段め：等間隔に4目減目しながら表編み →59（61、63、65、67）になります。
ガーター編みを2.5cmになるまで編み、最後の段は裏編みで終わります。裏編みしながらゆるめに伏せ止めします。

仕上げをする

糸端を始末します。指定寸法にブロッキングします。

チャート：逆三角形の首のマチ

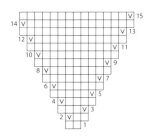

チャート：マチ（袖側の上部分）

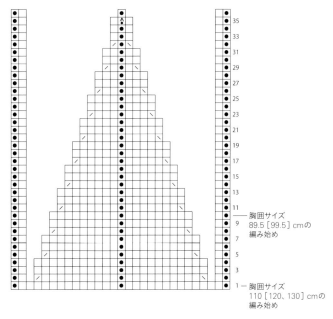

胸囲サイズ
89.5［99.5］cmの
編み始め

胸囲サイズ
110［120、130］cmの
編み始め

チャート：袖

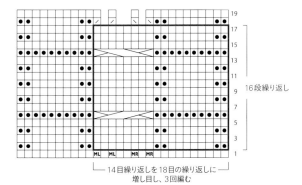

16段繰り返し

14目繰り返しを18目の繰り返しに増し目し、3回編む

編み図記号

□	表側：表編み、裏側：裏編み
●	表側：裏編み、裏側：表編み
╱	左上2目一度
╲	右上2目一度
↟	裏目の中上3目
ML	左ねじり増し目（ループ左が上）
MR	右ねじり増し目（ループ右が上）
V	表側：糸を向こう側にしてすべり目、裏側：糸を手前にしてすべり目
⤬	右上4目交差
⤬	左上4目交差 |（ステッチガイド参照）
□	模様の繰り返し

外郭寸法表

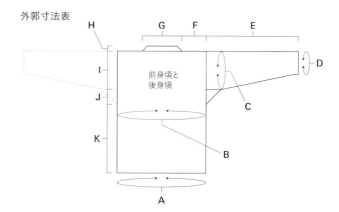

前身頃と
後身頃

A　92［102、112.5、122.5、132.5］cm

B　89.5［90.5、110、120、130］cm

C　35［36、38.5、40.5、42.5］cm

D　23［23.5、24、25、26］cm

E　48.5［49.5、51、52、53.5］cm

F　12［14、16、17、19］cm

G　20.5［21.5、23.5、25.5、26.5］cm

H　3.2cm

I　19［20.5、21.5、23、24］cm

J　6.5［6.5、9、9、9］cm

K　35［33.5、33、34.5、35.5］cm

ガンジーは本来プルオーバー
の形が伝統的ですが、カー
ディガンは現代のウェアとして
大変実用的です。この作品
をデザインしたのは本書の初
版のときでした。ケーブル模
様を入れずに美しい模様を
並べたセーターを作りたくて
このカーディガンをデザインし
ました。このたび、改訂版の
出版にあたり、サイズを増や
し、ネックラインの形を作るな
どデザインに手を加えたもの
をご紹介します。

grace's
cardigan

グレイス・カーディガン

でき上がりサイズ

胸囲
91［102、112.5、122.5、132.5、143］cm

丈
58.5［61、63.5、66、68.5、71］cm

写真の掲載作品の胸囲は91cm

糸

#2 スポーツウエイト
1597［1874、2137、2420、2717、3028］m

使用糸：Frangipani 5-ply Guernsey（フランジ
パニ　5プライ　ガーンジー）　ウール100%
220m / 100g

カラー：シダー（くすんだ緑）
8（9、10、12、13、14）カセ

針

2号針（2.25mm）：輪針40cmと80cm、
棒針4〜5本

（オプション）0号針（2mm）：輪針40cmと
80cm（身頃と袖の境界ラインを編む場合）

正しいゲージになるように、必要に応じて針の
サイズを調整してください。

そのほかの用具

ステッチマーカー
ステッチホルダー（または別糸）
ボタン（直径13〜16mm）10個
バッキングボタン（チカラボタン）1.6mm
とじ針

ゲージ

表目の編み地（2号）：28目43段（10cm）

本作品に登場するテクニック

チャネルアイランド・キャストオン（19ページ）、
ガーターウェルト、脇下のマチ、ネックラインの
形を作る、そのほかのプロビジョナル・キャストオ
ン（74ページ）、垂直のショルダーストラップ

作り方メモ

この作品はカーディガンなので、1枚の編み地を
編み、両端をカーディガンの前開き部分としてい
ます。ガーターウェルトの上からアームホールま
では、身頃を編みながら、左右の前立て（ボタン
バンド）を編みます。ボタンバンドとボタンホール
バンドは、左右の端に作られます。脇下のマチを
編み終えて、マチの目をステッチホルダーに休め
た後は、後身頃、左前（身頃）、右前（身頃）の
3つのパートを別々に編みます。肩は、ショルダー
ストラップを編みながら前後の肩をつなぎます。
続いて、アームホールから袖の目を拾い、袖口ま
で編みます。最後に襟を仕上げます。ボタンホー
ルについては、作品のクオリティをあげるために、
測定値ベースではなく、具体的に段数の指示を
しています。

ガーターウェルト
（スリット入り）を編む

後身頃のガーターウェルトを編む

2号輪針（80cm）で、チャンネルアイランド・キャストオン（19ページ）で116（138、146、164、178、188）目作り、往復編み（平編み）します。

ガーター編み（全段表編み）で約3.8cm、または21段編んだら、一旦編み地を休めます。

左前のガーターウェルトを編む

2号輪針（40cm）で、チャンネルアイランド・キャストオンで64（68、76、80、84、92）目で作り目して往復編みします。

ガーター編みで約3.8cm、または21段編んだら、一旦編み地を休めます。

右前のガーターウェルトを編む

2号輪針（40cm）で、チャンネルアイランド・キャストオンで64（68、76、80、84、92）目で作り目して往復編みします。

ガーター編みで約3.8cm、または21段編んだら、糸は切らずに置いておきます。

3枚のウェルトをつなげる段：（表側）右前ウェルトを等間隔に3（3、5、5、7、7）目の増し目をしながら表編み、後身頃ウェルトと左前ウェルトも表側に向け、続けて後身頃ウェルトを等間隔に7（9、9、11、13、15）目の増し目をしながら表編み、左前ウェルトを等間隔に3（3、5、5、7、7）目の増し目をしながら表編み →計257（289、317、345、373、401）目になります。以降は、往復編みします。

身頃（下部分）を編む

毎段の最初の目ですが、前立ての端になる、この1目めはすべり目をします。裏側を見て編む段の1目めは、糸を手前にして裏編みをするように針を入れてすべり目をします。表側を見て編む段は、糸を向こう側にして表編みをするように針を入れてすべり目をします。端の目をすべり目にすることで、端が滑らかに仕上がります。

身頃は表目の編み地になるように、両端には鹿の子模様のシームステッチ（マチのチャート下に入っている縦ライン）を入れながら、前開きの端にはボタンバンドの模様を編み始めます。最初のボタンホールは、この裏側の段で次のように行います。

セットアップ段：（裏側）裏編みをするように針を

チャートの読み方

チャートに表示された編み図記号は、作品の表側の編み目を表しています。身頃のチャートと袖のチャートに記載された赤枠の2目は、サイズによって繰り返し回数が違いますのでご注意ください。

後身頃と前身頃のチャートを編む

1段め：（表側）身頃チャートの右端から次の通りに始めます。AからBまで右前を編む、シームステッチ2目を編む、CからDまで後身頃（右側）を編む、同じチャート左から右へ読みながら（EからC、チャートからシームステッチ2目、BからAまで）編む

2段め：（裏側）身頃チャートの右端から次の通りに始めます。AからBまで左前を編む、シームステッチ2目を編む、CからDまで後身頃（左）を編む、同じチャート左から右へ読みながら（EからC、チャートからシームステッチ2目、BからAまで）編む

袖のチャートを読む

ショルダーストラップはチャート上では省略されて表示されています。サイズごとに異なるため、ストラップの模様がチャートと一致しない場合があります。すべての肩の目をショルダーストラップとつないだ後は、アームホールから袖の目を拾います。袖は、編み地の表側を見てマチから始め、輪に編みます。184ページのチャートを参照し、マチのGからF、次にEからHを編み、編むサイズに応じて2目の繰り返しを行います。

入れてすべり目1目、［裏編み1目、表編み1目］を4回、裏編み57（61、71、75、81、89）目、シームステッチの始まり位置としてマーカーを付ける（以降「マーカーを付ける」はPMと表記）、裏編み1目、表編み1目、PM、裏編み121（145、153、173、189、201）目、PM、 裏編み1目、表編み1目、PM、裏編み57（61、71、75、81、89）目、［表編み1目、裏編み1目］を2回、糸（メインの糸）を手から離す、新たな糸玉から糸をつける（ボタンホール用）、裏編みをするように針を入れてすべり目1目、裏編み1目、表編み1目、裏編み2目

次段：（表側）表編みをするように針を入れてすべり目1目、表編み4目、糸を手から離す、メインの糸を持つ、表編みをするように針を入れてすべり目1目、［次のマーカー位置まで表編み、マーカーを移す（以降「マーカーを移す」はSMと表記）、表編み1目、裏編み1目、SM］を2回、編み終わりまで表編み

次段：裏編みをするように針を入れてすべり目1目、［裏編み1目、表編み1目］を4回、裏編み57（61、71、75、81、89）目、SM、裏編み1目、表編み1目、SM、裏編み121（145、153、173、189、201）目、SM、裏編み1目、表編み1目、SM、裏編み57（61、71、75、81、89）目、［表編み1目、裏編み1目］を2回、メイン糸を手から離す、もうひとつの糸玉の糸を使う、裏編みをするように針を入れてすべり目1目、裏編み1目、表編み1目、裏編み2目

次段：表側を編んだ段（前々段）と同じように編み、イニシャルを入れます。イニシャルは左前のシームステッチのマーカーから6目編んだところから始めます。

次段：前段からの編み方の流れに沿って編む

次段：表編みをするように針を入れてすべり目1目、ボタンホールの位置まで表編み、新たにつけていた糸玉の糸を切り、元のメインの糸玉で段の編み終わりまで編む

メモ：10個のボタンホールを「ボタン2つ×5セット」のグループに分けます。各ボタンのボタンホールは5段に渡って作られ、1セット分の2つのボタンホールの間隔は13段です。セット間の間隔ですが2つめのボタンホールと次の隣のセットの最初のボタンホールが始まるまでに26（29、31、34、37、39）段あります。ボタンホールは、常に裏側で始まるとは限りません。

イニシャルが完了するまでチャートの指示にしたがって編み、次に表目の編み地になるように（表側：表編み、裏側：裏編み）、81（91、101、113、123、135）段まで編み、表側を編んだところで終わります。編み始めから約23［25.5、28、30.5、33、35.5］cmになります。

境界ラインを編む

必要に応じて、0号輪針に替えます。前立てとシームステッチを維持しながら、ガーター編みを11段編み、裏側の段を編んで終わります。

針のサイズを替えた場合は、境界ラインを編んだ後に元のサイズに戻します。

シームステッチを維持しながら、編み始めから30.5［31.5、33、34.5、35.5、37］cmになるまで、それぞれのサイズの編み方を確認しながら身頃のチャート（182ページ）を編みます。裏側を編んだところで終わります。

脇下のマチ（身頃側の下部分）を編む

1段め：（表側）*チャートの指示にしたがってシームステッチのマーカー位置まで編む、SM、シームステッチ（1目）、右ねじり増し目、シームステッチ（1目）、SM*、*～*をもう一度繰り返す →マチの目が2目増えました。

マチ（身頃側の下部分）のチャートの指示にしたがって編みながら、チャート2段～30段めを引き続き編みます。 →299（331、359、387、415、443）目になります。そのうち、右前と左前はそれぞれ66（70、80、84、90、98）目、後身頃は121（145、153、173、189、201）目、マチ（シームステッチを含む）は両端それぞれ23目。糸を切ります。前身頃（右前と左前）と両端のマチを別々のステッチホルダー（または別糸）に移します。→針には、後身頃121（145、153、173、189、201）目があります。

身頃（上部分）を編む

後身頃を編む

後身頃に糸をつけ、メインの縦の5模様（ヒトデ、ダイヤモンド、ヒトデ、ダイヤモンド、ヒトデ）が編み地に収まり、2回目の繰り返し102段めまで編みます。
メモ：ジグザグ模様の繰り返しは、182ページのチャート左の青枠41段～94段めを繰り返します。アームホールの高さは約18［19、20.5、21.5、23、24］cmになります。

次段：チャートの指示にしたがって41（45、51、54、60、65）目を編み、別の糸玉をつけてネックラインのボトムとして39（55、51、65、69、71）目を伏せ止め、編み終わりまで編む →左右の肩にはそれぞれ41（45、51、54、60、65）目があります。

左右の肩を別々の糸玉を使って、もう1段編み

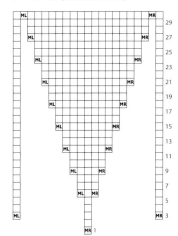
**チャート：
シームステッチ**

編み図記号

□	表側：表編み、裏側：裏編み
●	表側：裏編み、裏側：表編み
MR	左ねじり増し目（ループ左が上）
ML	右ねじり増し目（ループ右が上）

ます。糸を切り、左右の肩をそれぞれステッチホルダー（または別糸）に移します。

左前を編む

休めていた左前66（70、80、84、90、98）目を輪針40cmに戻します。チャートの指示にしたがって104段めまで編んだら、49段～93段めをもう一度編みます。メモ：ジグザグ模様は、183ページのチャート右の青枠41段～85段を繰り返します。

左前のネックラインを作る

次段：（裏側）21（21、25、26、26、29）目伏せ止め、編み終わりまで編む →左前の目が45（49、55、58、64、69）目になります。
チャートの指示にしたがって編みながら、表側を見て編む段で、ネックライン側の1目の減目を4回繰り返します。→41（45、51、54、60、65）目になります。

その後は、増減なくチャートの指示にしたがって104段めまで編みます。左前の目をステッチホルダー（または別糸）に移します。

右前を編む

休めていた右前66（70、80、84、90、98）目を40cm輪針に戻します。チャートの指示にしたがって104段めまで編んだら、49段～93段めをもう一度編みます。

後身頃中心

D　E　2目繰り返し―3（3、5、6、7、8）回編む　2目繰り返し―3（3、5、6、7、8）回編む　C　B　2目繰り返し―3（3、5、6、7、8）回編む

2目繰り返し―2（4、6、7、9、10）回編む

2目繰り返し―2（4、5、6、7、8）回編む

シームステッチ、マチを編む

編み図記号

☐ 表側：表編み、裏側：裏編み　　　● 表側：裏編み、裏側：表編み　　　☐ 模様の繰り返し　　　☐ ジグザグ模様のみ縦に繰り返し

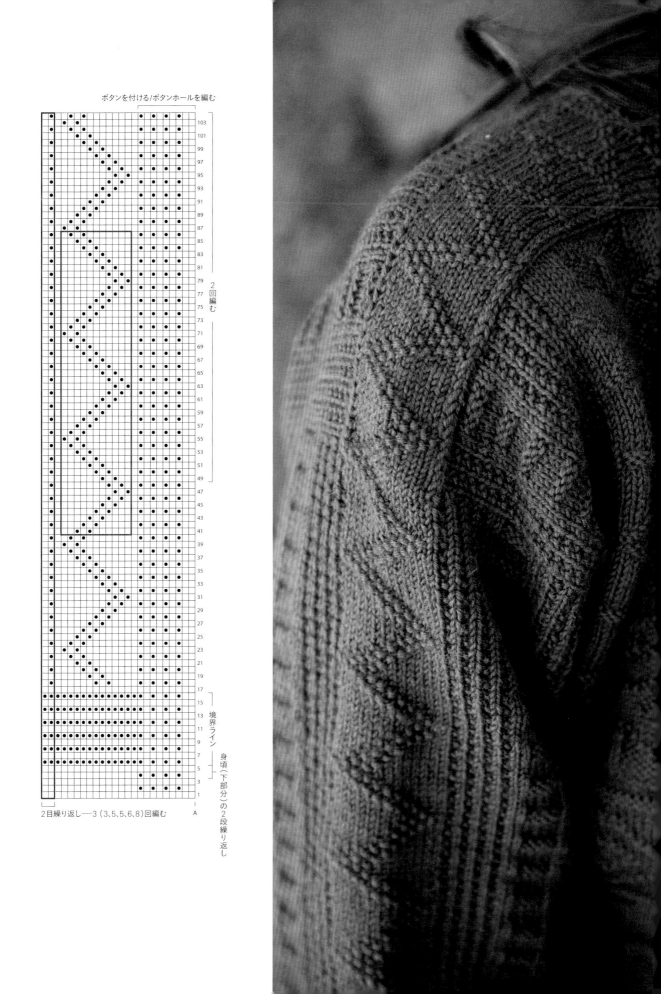

ボタンを付ける/ボタンホールを編む

103
101
99
97
95
93
91
89
87
85
83
81
79
77
75
73
71
69
67
65
63
61
59
57
55
53
51
49
47
45
43
41
39
37
35
33
31
29
27
25
23
21
19
17
15
13
11
9
7
5
3
1

2回編む

境界ライン

身頃（下部分）の2段繰り返し

2目繰り返し—3（3、5、5、6、8）回編む

A

チャート：袖

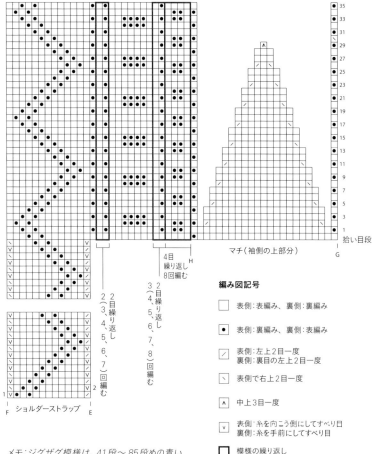

メモ：ジグザグ模様は、41段〜85段めの青い枠を繰り返します。

編み図記号

□	表側：表編み、裏側：裏編み
●	表側：裏編み、裏側：表編み
╱	表側：左上2目一度 裏側：裏目の左上2目一度
╲	表側で右上2目一度
⋀	中上3目一度
V	表側：糸を向こう側にしてすべり目 裏側：糸を手前にしてすべり目
☐	模様の繰り返し

右前のネックラインを作る

次段：（表側）21（21、25、26、26、29）目伏せ止め、編み終わりまで編む→右前の目が45（49、55、58、64、69）目になります。
チャートの指示にしたがって編みながら、裏側を見て編む段で、ネックライン側の1目の減目を4回繰り返します。→41（45、51、54、60、65）目になります。

その後は、増減なくチャートの指示にしたがって104段めまで編みます。右前の目をステッチホルダー（または別糸）に移します。

ショルダーストラップを編む

メモ：ショルダーストラップのチャートの段は、往復編みします。セーターのサイズによってストラップの長さが異なるため、袖の目を拾った後のチャートに示された模様の繰り返しに対応していない場合があります。

左肩のショルダーストラップを編む

棒針で、そのほかのプロビジョナル・キャストオン（74ページ）で13目作ります。
（使用糸と反対色の）別糸で2段編んだら、糸を切って編み地を返します。使用糸をつけ1段編み、一旦休めます。

休めていた左前の41（45、51、54、60、65）目を棒針に移し、休めていた後身頃の左肩41（45、51、54、60、65）目も別の棒針に移します。または、輪針80cmを使う場合は、前後の肩を1本の輪針に移して、それぞれのネックライン側が両端の針先にくるようにします。

後身頃の編み地の表側を向けて左手に、ショルダーストラップの作り目の針を右手に持ち、後身頃から表編み1目編んだら、ショルダーストラップの最後の作り目をかぶせます。

1段め：（裏側）ショルダーストラップのチャート1段めをチャートの指示にしたがって編み、ショルダーストラップの最後の目と前身頃の肩の目を一緒に裏編み、編み地を返す

2段め：（表側）ショルダーストラップのチャート2段めをチャートの指示にしたがって編み、ショルダーストラップの最後の目と後身頃の肩の目を右上2目一度し、編み地を返す

すべての身頃の肩の目がなくなるまで、上記の1段めと2段めを繰り返します。→ショルダーストラップは13目になります。13目をステッチホルダー（または別糸）に移して休めます。

右肩のショルダーストラップを編む

左肩と同様に、右肩のショルダーストラップの作り目をします。右前と後身頃の右肩の休んでいた目をそれぞれ棒針（または輪針）に移します。

右前の編み地の表側を向けて左手に、ショルダーストラップの作り目した針を右手に持ち、右前の目を表編み1目したら、ショルダーストラップの最後の目をかぶせます。編み地を返します。

1段め：（裏側）ショルダーストラップのチャート1段めをチャートの指示にしたがって編み、ショルダーストラップの最後の目と後身頃の肩の目を一緒に裏編み、編み地を返す

2段め：（表側）ショルダーストラップのチャート2段めをチャートの指示にしたがって編み、ショルダーストラップの最後の目と前身頃の肩の目を右上2目一度し、編み地を返す

肩の目がなくなるまで、上記の1段めと2段めを繰り返します。→ショルダーストラップは13目になります。13目をステッチホルダー（または別糸）に移して休めます。

襟を編む

ショルダーストラップの作り目をしたときの別糸を注意しながらほどき、13目を拾ったらステッチホルダー（または別糸）に移します。

2号輪針（40cm）で、編み地の表側を見ながら、右前ネックラインの伏せ止め位置から21（21、25、26、26、29）目、右前ネックラインのカーブ線から7目、ショルダーストラップ13目、後身頃ネックライン38（54、50、64、68、70）目、ショルダーストラップ13目、左前ネックラインのカーブ線から7目、左前ネックラインの伏せ止め位置から21（21、25、26、26、29）目を拾います。→120（136、140、156、160、168）目になります。

1段め：（裏側）前立て部分をこれまでの編み方の流れに沿って9目編む、［表編み2目、裏編み2目］を編み終わりの11目手前まで繰り返す、表編み2目、前立て部分をこれまでの編み方の流れに沿って9目編む

これまでの編み方の流れに沿って、あと3（3、3、

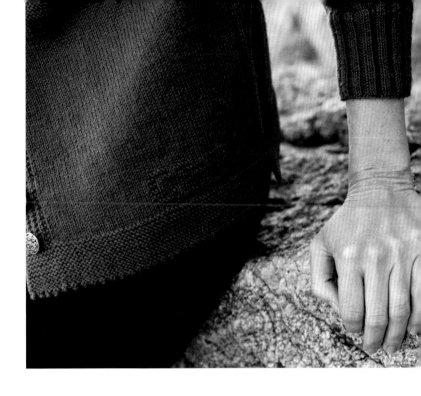

2、2、2）段編みます。次の5段で最後のボタンホールを作り、さらに3（3、3、4、4、4）段編みます。編み方の流れに沿って編みながらゆるめに伏せ止めします。

輪針80cmを使い、編み地の表側を見て、休めていたマチとシームステッチ23目、続けてアームホールから50（54、58、62、66、70）目、模様の流れに沿ってショルダーストラップ13目、さらにアームホールから50（54、58、62、66、70）目を拾います。→136（144、152、160、168、76）目になります。編み始めの位置にマーカーを付け、輪に編みます。

袖のチャート1段〜30段めを編み、3段ごとにマチの2目を減目します。→115（123、131、139、147、155）目になります。続けて袖の減目も始めます。

減目段：シームステッチ2目の模様編みを維持しながら、表編み1目、左上2目一度、チャートの指示にしたがって編み終わり3目手前まで編む、右上2目一度、表編み1目 →袖の2目が減りました。

それと同時に、袖が拾い目位置から20.5cmになったら、シームステッチの2目を維持しながら、ガーター編みを11段（裏編み1段、表編み1段）編み、境界ラインを作ります。
メモ：境界ラインを編む際は、0号輪針を使用します。境界ラインを編み終えたら、元の針に戻して、残りの袖を編みます。境界ラインを編んだ後は、引き続きシームステッチの模様を維持しながら、表目の編み地（全段表編み）します。

袖口のリブを編む

袖の減目をすべて編み終えたら、拾い目から袖丈が40.5［42、42、43、43、44.5］cmになるまで、または希望の長さより7.5cm短い丈になるまで増減なく編みます。

次段：等間隔に1（5、5、5、9、9）目を減目しながら表編み →68（68、72、72、76、76）目になります。

次段：［裏編み2目、表編み2目］を繰り返す

リブ丈が7.5cmになるまで上記の段を繰り返します。シームステッチ2目の箇所に裏編み2目がくるようにします。

ゆるめに伏せ止めします。

仕上げをする

糸端を始末します。指定寸法にブロッキングします。前立てにボタンを付けます（バッキングボタンについて、またはボタンの縫い付けについては169ページ参照）。

外郭寸法表

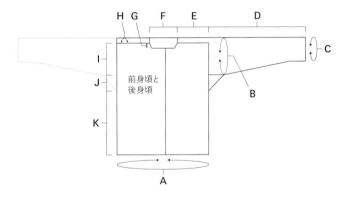

A	93.5［105、115、125、135.5、145.5］cm
B	42［44.5、47.5、50、53.5、56.5］cm
C	25［26.5、28、28、31、31］cm
D	48.5［49.5、51、52、53.5、54.5］cm
E	14.5［16.5、18.5、19.5、21.5、23.5］cm
F	14［19.5、8.5、23.5、25、26］cm
G	2.5cm
H	4.5cm
I	18［19、20.5、21.5、23、24］cm
J	7.5cm
K	30.5［31.5、33、34.5、35.5、37］cm

sources and supplies 出典と材料提供

書籍

ご紹介している古い書籍のなかには、絶版しているものもありますが、古本屋やオンラインの書店などで入手できることがあります。

レイ・コンプトン著『The Complete Book of Traditional Guernsey and Jersey Knitting』（1985年）出版：アルコ（ニューヨーク州 アメリカ）

サビーネ・ドムニック著『Cables, Diamonds, Herringbone』（2007年）出版：ダウンイースト（メイン州 アメリカ）

プリシラ・ギブソン-ロバーツ著『Knitting in the Old Way』（2004年）出版：ノマドプレス（コロラド州 フォートコリンズ アメリカ）

ペネロペ・リスター・ヘミングウェイ著『River Ganseys』（2015年）出版：コーペラティブプレス（オハイオ州 レイクウッド アメリカ）

ジューンヘモンズ・ハイアット著『Principles of Knitting』（2012年）出版：タッチストーン（ニューヨーク州 アメリカ）

エリザベス・ロヴィック著『A Gansey Workbook: Techniques, History, Patterns and More for Beginners and Experts Alike』（2009年）出版：ノーザンプレス www.northernlace.co.uk

ミシェルソン、カルメン、メアリーアン・デイビス共著『The Knitter's Guide to Sweater Design』（1984年）出版：インターウィーヴ（コロラド州 ラブランド アメリカ）

マイケル・ピアソン著『Traditional Knitting: Aran, Fair Isle and Fisher Ganseys』（1984年）出版：ヴァン・ノストランド・レインホールド、（2015年）出版：ドーバー（いずれもニューヨーク州 アメリカ）

ステラ・ルーエ著『Dutch Traditional Ganseys: Sweaters from 40 Villages』（2014年）出版：サーチプレス（ケント州 イギリス）

ステラ・ルーエ著『More Dutch Traditional Gansey』（2014年）出版：サーチプレス（ケント州 イギリス）

リチャード・リュット著『A History of Hand Knitting』（2003年）出版：インターウィーヴ（コロラド州 ラブランド アメリカ）

メアリー・トーマス著『Mary Thomas's Knitting Book』（1972年）出版：ドーバー（ニューヨーク州 アメリカ）

グラディス・トンプソン著『Patterns for Guernseys, Jerseys, and Arans』（1971年）出版：ドーバー（ニューヨーク州 アメリカ）

ヘンリエッテ・ヴァン・デ・クリフト-テレゲン著『Knitting from the Netherlands』（1985年）出版：ラークブックス（ノースカロライナ州 アシュビル アメリカ）

バーバラG・ウォーカー著『A Treasury of Knitting Patterns』（1998年）出版：スクールハウスプレス（ウィスコンシン州 ピッツビル アメリカ）

メアリー・ライト著『Cornish Guernseys & Knit-frocks』（2008年）出版：ポルペッロ・ヘリテージプレス（ウスターシャー州 クリフトン・アポン・テム イギリス）

そのほかの出典

著者のウェブサイト
www.KnittingTraditions.com

コルドバ・ガンジープロジェクト
www.thenetloftak.com/pages/cordova-gansey-project

マレーファース・ガンジープロジェクト『Fishing For Ganseys』（2014年）
www.gansey-mf.co.uk

LE TRICOTEUR（ル・トリコチュール）（機械編みガンジーのブランド）
www.guernseyjumpers.com

SCRAN（スクラン）（マレーファースのオンラインのアーカイブ）
www.scran.ac.uk

道具

ガチョウの翼モチーフのニッティングスティック、編み針、ウーリーボード、方眼紙
www.KnittingTraditions.com

ニッティングベルト
www.principlesofknitting.com

チャート作成プログラム

ステッチマスタリー（Mac、Windowsどちらも可）
www.stitchmastery.com

ステッチペインター（Mac、Windowsどちらも可）
www.cochenille.com/stitch-painter

エンヴィジオニット（Windows 8/7/Vista/XP対応）
www.envisioknit.com

インツインド（Mac、Windowsどちらも可）
www.intwinedstudio.com

ニットヴィジュアライザー（Mac、Windowsどちらも可）
www.knitfoundry.com/software.html

使用糸

伝統的なガンジーの毛糸

BLACKER YARNS, UK（ブラッカー ヤーンズ / イギリス）
www.blackeryarns.co.uk
enquiries@blackeryarns.co.uk

FRANGIPANI, UK（フランジパニ / イギリス）
www.guernseywool.co.uk
jan@guernseywool.co.uk

HANDKNITTING.COM, USA（ハンドニッティング・ドットコム / アメリカ）
www.handknitting.com
laurel@handknitting.com

R.E. DICKIE LTD, UK（R.E .ディッキー リミテッド / イギリス）
www.britishwool.com
sales@dickie.co.uk

SCHOOLHOUSE PRESS, USA（スクールハウスプレス / アメリカ）
www.schoolhousepress.com
info@schoolhousepress.com

UPTON YARNS, USA（アップトンヤーン / アメリカ）
www.uptonyarns.com
uptonyarns@gmail.com

本書で使用されている、そのほかの糸

BROWN SHEEP COMPANY, USA（ブラウンシープカンパニー / アメリカ）
www.brownsheep.com
ブラウンシープカンパニー毛糸販売店検索
www.brownsheep.com/locate-retailer

QUINCE AND CO., USA（クインス&カンパニー / アメリカ）
www.quinceandco.com
orders@quinceandco.com

abbreviations [参考] 略語表

本書では、パターン内の略語はすべて日本語に訳していますが、
今後、英文パターンをご覧になる際に参考にしてください。

beg	始め		psso	伏せ目
BO	伏せ止め		p2tog	裏目の左上2目一度
cir	輪		p3tog	裏目の左上3目一度
cn	ケーブル針		pm	マーカーを付ける
CO	作り目		pwise	（針を入れる方向が）裏目を編むように
cont	続ける			
dec('d)	減目		rem	休み目、残す
dpn	4本針（両側から編める棒針）		rep	繰り返し
est	同様に		RH	右手
inc('d)	増し目		rnd(s)	段（輪編みの場合）
k	表目		RS	表側
k2tog	左上2目一度		s2kp	中上3目一度
k3tog	左上3目一度		s2pp	裏目の中上3目一度（2目を一緒にすべり目し、3目めを裏編みしたら、すべり目した2目を裏編みした目にかぶせる）
kwise	（針を入れる方向が）表目を編むように			
LH	左手		sk2p	右上3目一度
m	マーカー		sl	すべり目
M1L	ねじり増し目（ループ左が上）		ssk	右上2目一度
M1LP	裏目ねじり増し目（左針で渡り糸を手前から向こう側へすくい、向こう側にかかるループに右針を入れて裏編み）		st(s)	目
			St st	メリヤス編み
			tbl	ねじり目
M1R	ねじり増し目（ループ右が上）		tog	一度に、一緒に
M1RP	裏目ねじり増し目（左針で渡り糸を向こう側から手前へすくい、手前側にかかるループに右針を入れて裏編み）		wyb	糸を後ろ（奥）に置いて〜する
			wyf	糸を手前に置いて〜する
			WS	裏側
p	裏目		yo	かけ目

献辞

この本をすべての編み物を愛するニッターの皆さんに捧げます——遠い昔、創意工夫を凝らして編み物をしていた人たち、現在創作の限界に直面しながらもクラフトの普及に尽力する人たち、生徒の皆さんや同僚たち、そして私にたくさんのことを与えてくれた親愛なる友人たち。すべての方々に心から感謝申し上げます。

謝辞

初版時と同様に、編み物の世界に大きな貢献をされているエリザベス・ツィマーマンさんとプリシラ・ギブソン・ロバーツさんに心から感謝します。お二人は、編み物について学ぶこと、教えること、デザインや執筆すること等編み物に関するすべてについて、私を導いてくれました！ドロテア・マルスバリーさん、本書のビジョンについて多大なるご協力をいただきありがとうございました。私の右腕であるキャロリン・ヴァンスさん、私の手の調子が悪かったとき、代わりに編んでくれたり、殴り書きしたデザインを編集してくれました。私がデザインを続けられるように優しく励ましてくれましたね。いつもありがとう。ナンシー・スパイさんは、本書や未来のガンジーのためにもっと面白いアルファベットを作れるようにと、寛大にも中世のアルファベットのチャートをすべて私に共有してくださいました！

マーガレット・クライン・ウィルソンさんとキャロリン・ヴァンスさんへ。原稿を読み、締め切り1時間前の編集作業のときにも、ためになる提案や励ましをしてくれたこと、とても感謝しています。

そして、素晴らしいニッターの方々、キャロリン・ヴァンスさん、ホリー・ネイディングさん、デイヴィッド・リッツさん、レスリ・ランテインさん、ジョンG・クレーンさん、チャールズ・ガンディさん、たくさんのセーターを編んでくださりありがとうございました。

このたび使用糸として使わせていただいた、Frangipani（フランジパニ）、Upton Yarns（アップトンヤーン）、Quince & Co（クインス & カンパニー）の糸メーカーの皆さま。美しい糸の数々を快く使わせていただいたこと、本当に感謝いたします。

また、Moray Firth Gansey Project（マレーファース・ガンジープロジェクト：ガンジー推進のためのプロジェクト）のキャスリン・ローガンさん、デールズカントリーミュージアム、サトクリフ・ギャラリー、ウィック会（ジョンストン・コレクション）、そしてノーマン・ケネディさんにも御礼を申し上げたいです。たくさんの画像へのアクセスを惜しみなく許可してくださり、とても助かりました。感謝します。この本を手がけてくれた出版元のInterweave社の裏方の皆さん、特に忍耐強く私を待ってくれたテレーズ・シノウェスさんとマヤ・エルソンさん、本当にありがとう。本を作りあげることは決して簡単ではありません。本書に間違いが残っていたら、すべて私の責任です。

そして、私の子どもたち——ジョーン、クロエ、テラン、チェルシー。永遠に無限の愛を送ります。ありがとう。

index 索引

著者について

ベス・ブラウン - レインセル

約30年間、北米全土で伝統的な編み物にまつわるテクニックを指導。また、ニュージーランドやヨーロッパでも幅広く編み物を教えている。ニッターの教育や創作を奨励することを主な目的として精力的に活動。これまでにDVD3枚、30回以上のワークショップを開催。多くのデザインや編み図は、すべてニッターたちが好きなクラフトのスキルや理解度を高めることができるものとして作成している。現在バーモント州在住。冬が大好き!

ワークショップ、編み図、ツール、キット等の詳細については、
www.knittingtraditions.com（英語）をご覧ください。

監修・訳者について

佐藤公美（さとう・くみ）

北海道生まれ。幼い頃は手芸が苦手、ファッション大好きの学生時代を過ごす。アメリカ留学後、フィンランドでの駐在員時代に、多くの北欧ニットに触れる機会に恵まれる。同僚や現地の友人に編み物を教わったことをきっかけに、帰国後は外資系企業で翻訳の仕事の傍ら、本格的に編み物をはじめ、ほどなくしてオリジナル作品の創作を開始。現在は、編み物にまつわる翻訳のほか、札幌を中心に編み物作品の制作、イベント出展、ワークショップ開催等活動中。手芸が苦手だった自らの体験をもとに、初めての方でも楽しく編み物ができる教室を時々開催。現在は医療系専門学校で英語の非常勤講師も務める。
翻訳書に『アイスランドウールで編むロピーセーターとモダンニット』、『棒針の作り目と止め211種類のバリエーション』、『一年中楽しめる透かし編みの模様82』（すべてグラフィック社）がある。

Instagram：@kukusa_knit

ガンジー セーター
― 編み方とパターン 詳細解説 ―

2022年9月25日　初版第1刷発行

		制作スタッフ	
著者	ベス・ブラウン-レインセル	監修・訳	佐藤公美
	（©Beth Brown-Reinsel）	デザイン	神子澤知弓
		編集	須藤敦子
発行者	西川正伸	制作・進行	豎山世奈（グラフィック社）
発行所	株式会社グラフィック社		
	〒102-0073	印刷・製本	図書印刷株式会社
	東京都千代田区九段北1-14-17		
	Phone : 03-3263-4318		
	Fax : 03-3263-5297		
	http://www.graphicsha.co.jp		
振替	00130-6-114345		

・乱丁・落丁本はお取り替えいたします。
・本書掲載の図版・文章の無断掲載・借用・複写を禁じます。
・本書のコピー、スキャン、デジタル化等の無断複製は著作権法上の例外を除き禁じられています。
・本書を代行業者等の第三者に依頼してスキャンやデジタル化することは、たとえ個人や家庭内での利用であっても著作権法上認められておりません。
・図案の著作権は、著者に帰属します。図案の商業利用はお控えください。あくまでも個人でお楽しみになる範囲で節度あるご利用をお願いします。

ISBN: 978-4-7661-3567-1　C2077
Printed in Japan